Recuerdos de mi vida y otros escritos

Richard Wagner

Recuerdos de mi vida y otros escritos

DOBLE J

ARTE/HISTORIA

Imagen de portada: Pierre-Auguste Renoir, *Retrato de Richard Wagner*, 1893, Museo d'Orsay, París
Edita: Editorial Doble J
Stargarderstr. 74, 10437 Berlín
Rosario Cañizares 11, 21200 Aracena
ISBN: 978-84-935264-0-5

Índice

Recuerdos de mi vida

I Recuerdos de mi vida (1813-1842)

Me llamo Guillermo Ricardo Wagner, y nací en Leipzig el 22 de Mayo de 1813. Mi padre, del registro de la policía, murió seis meses después de mi nacimiento. Mi padrastro, Luis Geyer, que era actor y pintor, escribió también algunas comedias, entre las cuales alcanzó éxito *La degollación de los Inocentes*. Nos retiramos a Dresde con él. Quería hacerme pintor, pero yo era torpe para el dibujo. Mi padre político murió también pronto, dejándome en edad de siete años. Poco antes de su muerte había aprendido a tocar al piano *Sé siempre fiel y leal* y *La corona virginal,* en toda su frescura a la sazón; el día antes de morir tuve que tocar las dos piezas en la habitación contigua; entonces le oí decir a mi madre con voz débil: «¿Tendrá quizá disposiciones para la música?» Al día siguiente, de madrugada, cuando ya había muerto, entró nuestra madre en el cuarto de los niños, dijo algunas palabras a cada uno, y a mí me dirigió estas: «Él quería hacer algo de ti.» Tengo una reminiscencia de haber fantaseado durante mucho tiempo que yo haría alguna cosa.

A los nueve años entré en la *Kreuzschule* de Dresde para seguir mis estudios; no se pensaba en nada de música; dos de mis hermanas aprendían a tocar bien el piano y yo las escuchaba, sin recibir por mi parte instrucción instrumental. Nada me gustaba tanto como el *Freischütz;* muchas veces veía pasar a Weber por delante de nuestra casa, cuando volvía de los ensayos; siempre lo contemplaba con un respeto religioso. Un pasante que iba a mi domicilio a explicarme Cornelio Nepote, tuvo que acabar por darme también lecciones de piano: apenas pasé de los primeros ejercicios de los dedos, aprendí por mi cuenta, secretamente y sin papel, la obertura del *Freischütz*; un día me oyó mi profesor y dijo que no se podría sacar partido de mí. Tenía razón: en la vida he aprendido a tocar el piano.

En aquella época no tocaba todavía más que para mí; mi fuerte eran las oberturas, *y* las ejecutaba con las digitaciones más espantosas. Me era imposible hacer bien una escala, así que les tomé una gran aversión. De Mozart no me gustaba más que la obertura de la *Flauta mágica*; *Don Juan* no era de mi agrado por estar escrito sobre un texto italiano, que además me parecía muy insulso.

Pero esas ocupaciones musicales eran muy accesorias; lo esencial eran el griego, el latín, la mitología y la historia antigua. También hacia versos. Habiendo muerto un condiscípulo, los maestros nos impusieron la tarea de escribir una poesía sobre su muerte; la mejor debía imprimirse... Fue la mía, pero antes necesité despojarla de su excesiva ampulosidad. Tenía once años en aquel tiempo. Entonces quise ser poeta: emborroné dramas según el tipo griego, impulsado por el conocimiento que tenía de las tragedias de Apel, *Plydos, Los Etolios,* etc.; en el colegio pasaba por una cabeza fuerte en literatura en la clase de tercera ya había traducido los doce primeros libros de la *Odisea.* Un día me puse también a aprender el inglés, aunque, a decir verdad, solo por conocer a Shakespeare a fondo: traduje, imitando el metro, el monólogo de *Romeo.* No tardé en abandonar el inglés, pero Shakespeare siguió siendo mi modelo. Proyecté un gran drama, que venía a ser una mezcla de *Hamlet* y el *Rey Lear.* el plan era sumamente grandioso: en el curso de la acción morían cuarenta y dos personajes; pero al poner manos a la obra tuve que hacer reaparecer a la mayoría bajo forma de fantasmas, porque de otro modo no quedaba ya nadie en los últimos actos.

Ese drama me ocupó dos años. En esto salí de Dresde y de la *Kreuzschule,* y fui a Leipzig. Aquí me pusieron en tercera en el colegio Nicolai, cuando en Dresde me había sentado ya en los bancos de la clase de segunda; tanto me exasperó esa circunstancia que se apagaron todos mis ardores por los estudios filológicos. Me volví perezoso y abandonado; solo tomaba a pechos [*sic.*] mi gran drama. Mientras lo concluía conocí por primera vez la música de Beethoven en los conciertos del Gewandhaus de Leipzig: su impresión sobre mí fue omnipotente. Me familiaricé también con Mozart, sobre todo con su *Réquiem.* La música escrita por Beethoven para *Egmont* me entusiasmó en tales términos, que por nada del mundo me hubiera resignado a dar a luz mi drama, ya concluido, sino provisto de una música de ese género. Sin más reflexión, me creí capaz de escribir yo mismo esa música tan indispensable; sin embargo, me pareció oportuno ponerme al corriente ante todo de algunas reglas esenciales de armonía y composición. A fin de hacer las cosas al vuelo, pedí prestado por ocho días el método de Logier, lo estudié febrilmente. Pero ese estudio no dio frutos tan rápidos como yo pensaba; las dificultades que ofrecía me estimularon e interesaron: resolví hacerme músico.

En el ínterin, mi familia había descubierto el gran drama con profundo disgusto, porque fue patente que por él había descuidado mis estudios clásicos; en consecuencia, se me obligó con más rigor a proseguirlos de una manera asidua. En tales circunstancias, guardé para mí la íntima convicción que había adquirido de mi vocación musical, pero no sin componer en el mayor secreto una sonata, un cuarteto y un aria. Cuando comprendí que iba bastante adelantado en mis estudios personales de música, me atreví a revelarlos. Como es natural, encontré una oposición enérgica, porque los míos no podían mirar mi afición a la música sino como un simple capricho, máxime no estando justificada por ningún estudio previo ni por ningún mediano dominio de algún instrumento.

Tenía entonces diez y seis años, y me inclinaba al misticismo más extravagante, a consecuencia, sobre todo, de la lectura de Hoffmann: durante el día tenía visiones en una especie de semisueño, en las cuales se me aparecían en persona la *tónica,* la *tercera* y la *quinta,* desvelándome su importante significación: las notas que escribía entonces eran un tejido de absurdos. La familia me puso al fin un buen maestro: el pobre hombre lo pasó bien mal conmigo; tuvo que explicarme que lo que yo tomaba por seres sobrenaturales y potencias extrañas eran intervalos y acordes. ¿Qué podía haber más desconsolador para los míos sino saber que seguía ese mismo estudio con negligencia e irregularidad? Mi profesor meneaba la cabeza, y las cosas marchaban al parecer como si tampoco fuese posible sacar nada bueno de mí en aquella materia. Cada vez era menor mi afición al estudio; prefería componer oberturas a toda orquesta, una de las cuales se ejecutó un día en el teatro de Leipzig. Esa obertura fue el punto culminante de mis absurdos; para facilitar la inteligencia de la partitura tuve la ocurrencia de escribirla con tres tintas diferentes; la cuerda en rojo, la madera en verde y el metal en negro. La novena sinfonía de Beethoven parecería una sonata de Pleyel al lado de aquella obertura de pasmosas combinaciones. Lo que más me perjudicó en la ejecución fue un redoble *fortissimo* de timbales, que se reproducía invariablemente cada cuatro compases durante toda la pieza: la sorpresa que empezó por experimentar el público ante la obstinación del timbalero, se trocó en un mal humor no disimulado, y después en una hilaridad que me afligió mucho. Esa primera ejecución de una obra mía me dejó bajo el peso de una impresión profunda.

Entonces vino la revolución de Julio, y heme aquí convertido de pronto en revolucionario, y convencido de que todo hombre, por poco ambicioso que fuera, no debía ocuparse de nada más que de *política.* No disfrutaba sino en compañía de escritores *políticos,* y me puse a escribir también una obertura sobre un tema *político.* En esas circunstancias abandoné el colegio, y entré en la Universidad, no para consagrarme a Facultad ninguna (porque seguían destinándome a la música), sino para seguir los cursos de estética y filosofía. Saqué lo menos que cabía de esa ocasión de instruirme; en cambio me entregué a todos los extravíos de la vida de estudiante, y lo hice, a decir verdad, con tanto aturdimiento y tan poco recato, que no tardé en encontrarme pesaroso. En esa época di mucho que sentir a mi familia; había dejado a un lado casi enteramente la música. Pero pronto volví a la razón; experimenté la necesidad de emprender de nuevo ese estudio con sujeción a un método rigoroso, *y* la providencia me deparó el hombre que necesitaba para inspirarme un nuevo entusiasmo e ilustrarme con la más profunda enseñanza.

Ese hombre era Teodoro Weinlig, cantor de la Thomasschule de Leipzig. Ya me había ejercitado en la fuga; pero solo con él empecé el estudio profundo del contrapunto, estudio que él sabía hacer atractivo como un juego. Hasta esa época no aprendí a conocer y gustar profundamente a Mozart. Compuse una sonata, desprendiéndome de toda hinchazón y abandonándome a un impulso natural y espontáneo. Ese trabajo, sumamente sencillo y modesto, se grabó y publicó en casa de Breitkopf y Haertel. En menos de seis meses terminé mis estudios con Weinlig; él mismo me dispensó de continuar, después de haberme puesto en estado de resolver fácilmente los problemas más difíciles del contrapunto. «Lo que ha ganado Vd. -me dijo- con este árido estudio, es la *independencia.*» Durante esos mismos seis meses compuse también una obertura por el estilo de las de Beethoven, que entonces comprendía un poco mejor; esa pieza, tocada en uno de los conciertos del Gewandhaus de Leipzig, obtuvo una acogida simpática. Después de otros varios trabajos, me puse a escribir una sinfonía: a mi modelo principal, Beethoven, vino a unirse Mozart, sobre todo con su gran sinfonía en *do* mayor. Mi objetivo, al lado de algunas extrañas aberraciones, eran la claridad y el vigor. Terminada la sinfonía, me puse en camino para Viena durante el estío de 1832, sin más objeto que conocer rápidamente esa ciudad musical, tan alabada en otros días. Lo que allí vi y oí me edificó poco; por todas partes me perseguían *Zampa* y popurrís de Strauss sobre *Zampa,* dos cosas abominables para mí, sobre todo entonces. En desquite, me detuve algún tiempo en Praga, donde conocí a Dionisio Weber y a Tomaschek; el primero hizo tocar en el Conservatorio varias de mis composiciones, y entre ellas la sinfonía. También escribí en esa ciudad un poema de ópera en el género trágico: *La boda.* Ya no recuerdo de dónde saqué ese asunto de la Edad Media: un hombre, ciego de amor, escala la ventana de la cámara nupcial, donde la desposada de un amigo suyo espera a su esposo; la novia lucha con el insensato y lo lanza a la calle, donde entrega el alma; en el oficio mortuorio la desposada cae exánime sobre el cadáver, lanzando un grito. De vuelta en Leipzig, compuse en seguida el primer número de esa ópera; había un gran sexteto, que era las delicias de Weinlig. A mi hermano no le gustó el libreto, y lo destruí sin dejar rastro. En 1833 se ejecutó mi sinfonía en los conciertos del Gewandhaus, mereciendo una acogida muy lisonjera. Entonces conocí a Laube.

Con objeto de ver a uno de mis hermanos, me trasladé a Wurzburgo, donde permanecí todo el año 1833; mi hermano, en su calidad de cantante experto, tenía para mí alguna importancia. Aquel año compuse una ópera romántica en tres actos, *Las Hadas,* cuyo libro saqué yo mismo de la *Mujer serpiente* de Gozzi. Beethoven y Weber eran mis modelos: en las piezas de conjunto había salido bien más de una cosa; el final del segundo acto, sobre todo, parecía destinado a producir gran efecto. Lo que di a conocer de esa ópera en los conciertos de Wurzburgo agradó. Animado de las mejores esperanzas a propósito de mi obra, volví a Leipzig a principios de 1834, y la presenté al director del teatro de esa ciudad. A pesar de sus buenos deseos de favorecerme, declarados desde un principio, no tardé en convencerme de una cosa que hoy día tiene ocasión de saber todo compositor alemán: a consecuencia del éxito de los autores franceses e italianos hemos perdido todo crédito en nuestra escena, y necesitamos mendigar como un favor la ejecución de nuestras óperas. La de mis *Hadas* se eternizó. Durante ese tiempo oí cantar a la Devrient el *Romeo y Julieta* de Bellini, y me asombré de ver una interpretación tan extraordinaria de una música tan completamente insignificante. Llegué a dudar sobre la elección de los medios que pueden conducir a los grandes éxitos: estaba muy lejos de conceder a Bellini un gran valor; pero, a pesar de todo, los elementos de su música me parecían más apropiados para difundir calor y vida que la penosa y laboriosa conciencia con que apenas conseguimos nosotros, los alemanes, producir un trasunto de verdad atormentada. El arte desmazalado y sin carácter de la Italia actual, de igual suerte que el espíritu frívolo y ligero de la Francia contemporánea, obligaban, en mi sentir, a los graves y concienzudos alemanes a hacerse dueños de los procedimientos más felices y perfeccionados de sus rivales, a fin de llegar a sobrepujarlos en la producción de verdaderas obras artísticas.

Tenía yo entonces veintiún años; estaba dispuesto a gozar de la vida y a recrearme en el espectáculo de las cosas; *Ardinghello* y *La joven Europa* me trastornaban la cabeza: Alemania no me parecía más que una ínfima porción del mundo. Había salido del misticismo abstracto y empezaba a gustar la realidad. La belleza de la materia, el talento y el genio eran para mí cosas magníficas; en lo concerniente a mi arte todo eso lo encontraba en los italianos y los franceses. Renuncié a mi modelo, a Beethoven; su última sinfonía, conclusión de una gran época artística, me parecía la clave de una bóveda sobre la cual nadie podía elevarse, y a cuyo abrigo era imposible obtener la independencia. Es lo que, a mi juicio, había comprendido Mendelssohn, cuando dejando a un lado la gran forma de la sinfonía beethoveniana, se hizo notar por composiciones orquestales más restringidas; yo estimaba que, al empezar por una forma más restringida y enteramente independiente, quería crearse a sí mismo una más grande.

Todo lo que me rodeaba me parecía en fermentación, y dejarme ganar por esa fermentación era a mis ojos la cosa más natural del mundo. En un hermoso viaje de verano a las aguas de Bohemia bosquejé el plan de una nueva ópera, *Prohibición de amar,* cuyo asunto tomé del drama de Shakespeare *Medida por medida,* con la sola diferencia de que yo suprimí su tono serio predominante, y lo ajusté tan bien al tipo de la *Joven Europa,* que la libre y franca sensualidad dominaba por su sola virtud al hipócrita puritanismo.

En ese mismo estío de 1834, acepté la plaza de *Musik-director* en el teatro de Magdeburgo. La aplicación práctica de mis conocimientos musicales en las funciones de director de orquesta me causó un vivo placer; las relaciones con los cantantes entre bastidores y en las tablas respondían por completo a mi afán de variedad de distracciones. Había empezado la composición de mi *Prohibición de amar.* Ejecuté en un concierto la obertura de mis *Hadas,* y agradó mucho. Yo, sin embargo, me disgusté de esa ópera, y no pudiendo, sobre todo, atender personalmente a mis intereses en Leipzig, resolví no preocuparme más de la obra, lo que equivalía a renunciar a ella. Con ocasión de un festival para celebrar el Año nuevo de 1835, compuse a la ligera una música que interesó generalmente. Tales éxitos, fácilmente obtenidos, me confirmaban en la opinión de que, para agradar, no había que andar con muchos escrúpulos en la elección de los medios. Con este sentido continué la composición de mi *Prohibición de amar;* no me tomé el menor trabajo por evitar las reminiscencias francesas e italianas. Interrumpida mi tarea durante algún tiempo, la reanudé en el invierno de 1835 a 1836, y la acabé poco antes de dispersarse la compañía del teatro de Magdeburgo. No me quedaban ya más que doce días hasta la marcha de las primeras partes, y era preciso que en ese intervalo aprendiesen y representasen mi ópera. Con más aturdimiento que reflexión dejé pasar a la escena después de un estudio de diez días una ópera que contenía papeles muy fuertes; fiaba en el apuntador y en mi batuta. A pesar de eso, no pude impedir que los cantantes apenas supiesen a medias sus papeles. La representación fue como un sueño para todo el mundo; nadie pudo formarse idea; lo que salió medianamente no dejó de aplaudirse, sin embargo. La segunda representación no pudo llevarse a efecto por diversos motivos.

Durante ese tiempo llamaron a mi puerta los rigores de la vida: la rápida toma de posesión de mi independencia exterior me había impulsado a toda clase de locuras, y me veía en la situación económica más apurada y acribillado de deudas. Pensé recurrir a cualquier medio excepcional para no caer en los baches de la miseria. Sin la menor esperanza me fui a Berlín, y presenté mi *Prohibición de amar* al director del teatro Real municipal. Acogido al pronto con las mejores promesas, acabé por convencerme, después de largas dilaciones, de que esas promesas no habían sido leales. Salí de Berlín en la situación más desastrosa, y me dirigí a Königsberg para solicitar la plaza de director de orquesta del teatro de esa ciudad, plaza que logré obtener más tarde. También me casé allí durante el otoño de 1836, y, para decirlo todo, en una situación de las más azarosas. El año que pasé en Königsberg en medio de las preocupaciones más mezquinas fue enteramente perdido para mi arte. No escribí más que una obertura: *Rule Britannia*.

Durante el verano de 1837 pasé una corta temporada en Dresde. Allí la lectura de la novela de Bulwer, *Rienzi*, vino a reanimar la idea que ya venía acariciando, de hacer del último tribuno romano el héroe de una gran ópera trágica. Me lo impidieron circunstancias exteriores adversas, y dejé de idear proyectos. Durante el otoño de ese mismo año fui a Riga como primer director de orquesta del teatro recién inaugurado bajo la dirección de Holtei. Allí encontré reunidos excelentes elementos para la ejecución dé la ópera, y empecé a emplearlos con gran ardor. Entonces fue cuando compuse para cada cantante varias piezas destinadas a intercalarse en óperas. Hice también el libro de una ópera cómica en dos actos, *La afortunada familia de los osos,* cuyo asunto tomé de un cuento de las *Mil y una noches.* Había ya compuesto dos números, cuando noté con disgusto que estaba escribiendo música a lo Adam; herida mi conciencia más íntima por ese descubrimiento, abandoné el trabajo horrorizado. El estudio y la dirección diaria de la música de Adam y de Bellini habían, pues, concluido por producir su efecto, y no tardaron en destruir el placer superficial que esa música me producía. La completa incapacidad del público de nuestras ciudades provinciales en lo tocante al primer juicio de una obra nueva (habituado como está a no ver más que obras ya apreciadas y acreditadas en el extranjero) me inspiró la resolución de no estrenar a ningún precio en teatros inferiores una obra de alguna importancia; así es que, sintiendo de nuevo la necesidad de emprender una obra de esa índole, renuncié completamente a su pronta y próxima ejecución; supuse que no faltaría en alguna parte un teatro de importancia que la representase un día, y me preocupé poco de saber cuándo y dónde. En esas disposiciones de ánimo concebí el proyecto de una gran ópera trágica en cinco actos: *Rienzi, el último de los tribunos;* el plan *a priori* era de tal magnitud que se hacía imposible presentar esa ópera, al menos por primera vez, en un teatro pequeño. Trabajé el asunto durante el verano de 1838, en cuya época hacía estudiar a nuestra compañía con mucho entusiasmo el *José* de Méhul.

Empecé en otoño la composición musical de mi *Rienzi,* decidido a ajustarme en absoluto al asunto y a no plegarme a ninguna otra cosa; no me propuse modelo, sino que me abandoné exclusivamente al sentimiento íntimo que entonces tenía de encontrarme ya bastante adelantado, para exigir del desarrollo de mis facultades artísticas algo original y huir de lo insignificante. Me era insoportable el pensamiento de ser trivial a sabiendas, así fuese en un solo compás. Seguí componiendo durante el invierno con tal entusiasmo, que en la primavera de 1839 había concluido los dos primeros actos. En aquel punto finalizaba mi compromiso con el director del teatro, y por circunstancias especiales no quería permanecer en Riga más tiempo. Hacía ya dos años que acariciaba el proyecto de ir a París, *y* con ese propósito había enviado a Scribe desde Königsberg el plan de un asunto de ópera para que lo desenvolviese, si le agradaba, *y* me procurase el encargo de escribir la ópera para París. Scribe no hizo ningún caso, naturalmente. Con todo, no renuncié a mis designios; lejos de eso, los reanudé activamente en el verano de 1839, y, por último, decidí a mi mujer a embarcarse conmigo a bordo de un velero que debía llevarnos hasta Londres. Esa travesía será eternamente inolvidable para mí; duró tres semanas y media, y fue fecunda en accidentes. Tres veces tuvimos que sufrir las más violentas tempestades, y durante una, el capitán se vio obligado a refugiarse en un puerto noruego. El paso al través de las rompientes de las costas noruegas produjo en mi imaginación una impresión maravillosa. La leyenda de *El holandés errante,* tal y como volvía a oírla de boca de los marineros, revistió a mis ojos un color pronunciado, especial, que solo pudieron prestarle mis propias aventuras.

Para reponernos de viaje tan fatigoso, nos detuvimos ocho días en Londres; nada me interesó tanto como la ciudad misma y las dos Cámaras; en los teatros no puse los pies. En Boulogne-Sur-Mer, donde estuve cuatro semanas, entré por primera vez en relaciones con Meyerbeer, y le di a conocer los dos actos concluidos de mi *Rienzi;* me prometió su apoyo en París de la manera más amistosa del mundo. Entré, pues, en París con muchas esperanzas y muy poco dinero. Tenía por toda recomendación las señas de Meyerbeer; éste pareció ocuparse, con las mayores muestras de atención, de todo lo que podía servir a mis fines, y yo me creía seguro de alcanzar a muy poco el objeto anhelado; pero quiso la mala suerte que, durante mi estancia en París, Meyerbeer se hallase fuera casi constantemente. Verdad es que, aun ausente, se propuso servirme, pero, según sus propias predicciones, simples cartas no podían dar resultado, tratándose de un asunto en que solo podía tener eficacia una insistencia personal incesante. Entré en relaciones primeramente con el teatro del Renacimiento, que daba entonces a la vez dramas y óperas. La partitura de mi *Prohibición de amar* me pareció muy a propósito para ese teatro, y aun me decía que el asunto, aunque en si no es ligero, sería fácil de arreglar a la escena francesa. Estaba tan recomendado por Meyerbeer al director, que este último no podía menos de darme las seguridades más completas. Ofrecióseme, pues, para el arreglo del libro uno de los dramaturgos parisienses más fecundos, Dumersan. Tradujo tres trozos destinados a una audición, y con tal acierto, que mi música parecía adaptarse mejor a la nueva letra francesa que a los primitivos versos alemanes; la música misma era de la que comprenden con menos trabajo los franceses, y todo me prometía el éxito más satisfactorio, cuando, así las cosas, hizo quiebra el teatro del Renacimiento. Todos mis esfuerzos y todas mis esperanzas estaban en tierra. Durante ese mismo invierno de 1839 a 1840 compuse, además de una obertura para la primera parte del *Fausto* de Goethe, varias *melodías* francesas, entre las cuales figuraba una traducción hecha por mí de *Los dos granaderos* de Enrique Heine. En cuanto a la posibilidad de una ejecución de mi *Rienzi* en París, nunca pensé en ella; preveía con certidumbre que necesitaría esperar, por lo menos, cinco o seis años, aun en el caso más favorable, antes de poder dar cima a la empresa; la misma traducción de la ópera habría creado obstáculos insuperables.

Regresé, pues, en el estío de 1840, sin la menor esperanza por el momento; mis relaciones con Habeneck, Halévy, Berlioz, etc., no podían contribuir a abrirme ni remotamente ningún horizonte: en París no hay artista que tenga tiempo de trabar amistad con otro; cada cual se mueve *y* agita por su cuenta. Halévy, como todos los compositores parisienses de nuestra época, no se ha sentido inflamado de entusiasmó por su arte sino el tiempo estricto que necesitó para obtener un gran éxito. Una vez conseguido el éxito, y colocado el autor en la categoría privilegiada de los *lions* de la música, no pensó más que en una cosa: en hacer óperas y ganar dinero. El renombre lo es el todo en París: constituye la fortuna y la perdición de los artistas. Berlioz, a pesar de su carácter desagradable, me atrajo mucho más: lo separa de sus colegas parisienses la enorme diferencia de que no escribe música para ganar dinero. Pero tampoco puede escribir por el puro arte, porque le falta el sentido de lo bello. Permanece completamente aislado en su tendencia: no tiene a su lado más que una turba de adoradores que sin el menor discernimiento saludan en él al creador de un sistema de música flamante, y le han trastornado completamente la cabeza; fuera de ellos, todo el mundo huye de Berlioz como de un loco.

Mis opiniones prematuras e irreflexivas sobre los procedimientos musicales recibieron el golpe de gracia... de los italianos. Esos héroes tan alabados del canto, con Rubini a la cabeza, me han hecho perder el gusto a su música. El público que los oye ha contribuido por su parte a ese efecto. La Gran Ópera me dejó absolutamente descontento por la falta de todo espíritu superior a mis interpretaciones: todo lo encontré común y adocenado. La manera de presentar las obras y las decoraciones -lo digo francamente- son lo que prefiero de toda la *Académie royale de musique.* Mucho más hubiera podido satisfacerme la Ópera Cómica: posee los primeros talentos, y sus representaciones ofrecen algo de completo y original que desconocemos en Alemania. Pero lo que ahora se produce para ese teatro es de lo más detestable que apareció jamás en las épocas de degeneración artística. ¿Dónde ha tenido la gracia de Méhul, de Isouard, de Boïldieu y del *joven* Auber, ante los innobles ritmos de cuadrilla que llenan ese teatro con su estruendo a la hora presente?

Lo único que encierra París, digno de nota para el músico, es la orquesta del Conservatorio. Las ejecuciones de las obras sinfónicas alemanas en esos conciertos han producido en mí una impresión profunda, y me han iniciado nuevamente en los maravillosos misterios del verdadero arte. El que quiera conocer a fondo la novena sinfonía de Beethoven debe oírsela a la orquesta del Conservatorio de París... Pero esos conciertos quedan completamente aislados; no hay nada que se asocie a ellos.

Yo no me rozaba casi nada con músicos: formaban mi sociedad literatos y pintores, e hice en Paris más de una buena amistad.

Encontrándome allí de esta manera, sin la menor perspectiva por delante, reanudé la composición de mi *Rienzi;* lo destinaba a Dresde entonces, porque sabía que en ese teatro se disponía de los mejores intérpretes, la Devrient, Tichatshek, etc., y porque allí podía esperar inmediato acceso, con ayuda de las relaciones de mi juventud. Renuncié, por tanto, casi enteramente a mi *Prohibición de amar:* su autor no tenía ya derecho a mi estima. Con eso me quedé en situación más desembarazada para ajustarme a mi verdadera fe artística durante la conclusión del *Rienzi.* Preocupaciones de diverso linaje y una negra miseria me atormentaron en esa época de mi vida. De pronto reapareció Meyerbeer en París durante algún tiempo; se informó con el mejor interés del estado de mis asuntos, y quiso ayudarme. Entonces me puso en relaciones con el director de la Gran Ópera, León Pillet, y se trató de confiarme la composición de una en dos o tres actos. En previsión de esa eventualidad tenía ya trazado un boceto de argumento. *El holandés errante,* que había conocido íntimamente en el mar, persistía cautivando mi imaginación; supe además el empleo característico que había hecho Enrique Heine de esa leyenda en una parte de su *Salón.* Sobre todo, el modo de redención de aquel Ahasvero del Océano, sacado por Heine de una obra holandesa del mismo título, acabó de poner en mi mano todos los medios a propósito para hacer de esa leyenda un libreto de ópera. Me entendí con el mismo Heine, tracé el plan y lo trasmití a M. León Pillet, proponiéndole que encargase un libreto francés con arreglo a aquella pauta. Llegadas a este punto las cosas, volvió a salir de París Meyerbeer, teniendo que abandonar al destino el cumplimiento de mis aspiraciones. No tardé en saber con asombro que el bosquejo presentado a M. Pillet le gustaba, tanto que deseaba se lo cediese. Decía que una antigua promesa le obligaba a confiar un libreto a otro compositor lo más pronto posible; el bosquejo mío le parecía perfectamente apropiado para el objeto; pensaba que yo no vacilaría en avenirme a la cesión, si reflexionaba que antes de un plazo de cuatro años no podía prometerme obtener el encargo inmediato de una ópera, en atención a que él tenía que cumplir ante todo las promesas hechas a varios candidatos; naturalmente, se me haría muy largo andar de acá para allá con mi asunto en espera de esa fecha; podría inventar uno nuevo, y me consolaría seguramente de haber hecho ese sacrificio. Combatí con tenacidad tales pretensiones sin conseguir otra cosa que el aplazamiento provisional de la cuestión. Confiaba en una pronta vuelta de Meyerbeer y guardé silencio.

Durante ese tiempo Schlesinger me invitó a escribir en su *Gaceta musical,* donde publiqué varios artículos «Sobre la música alemana». Gustó mucho, sobre todo, una novelita titulada: *Una visita a Beethoven*. Esos trabajos contribuyeron no poco a atraerme la atención y estima de París. En el mes de Noviembre de aquel año terminé por completo la partitura del *Rienzi*, y la envié a Dresde sin dilación. Fue el punto culminante de mi situación deplorabilísima: escribí para la *Gaceta musical* una novelita, *El fin de un músico alemán en París*, en que hacía morir al infortunado héroe con esta profesión de fe: «Creo en Dios, en Mozart y en Beethoven.» Era una suerte que estuviese concluida mi ópera, porque me vi obligado a renunciar durante mucho tiempo al ejercicio de todo lo que fuese arte, dedicándome, por cuenta de Schlesinger, a hacer arreglos para todos los instrumentos habidos y por haber, incluso para el cornetín de pistón; a ese precio pude encontrar algún alivio. Pasé, pues, el invierno en 1841 de la manera menos gloriosa. En la primavera me retiré al campo, a Meudon; la cálida proximidad del estío me hizo suspirar de nuevo por un trabajo intelectual; la ocasión debía presentarse más pronto de lo que yo pensaba. Supe positivamente que mi proyecto de libreto para *El holandés errante* había sido comunicado ya a un poeta, Pablo Fouché, y vi que, si no acababa por cederlo pronto, me quedaría burlado completamente bajo cualquier pretexto: consentí, pues, en la cesión mediante cierta suma. Entonces no tuve más idea que desenvolver el asunto yo mismo en versos alemanes. Para ponerme a la obra me hacía falta un piano, porque habiendo interrumpido durante nueve meses el trabajo de producción, necesitaba ante todo volver a colocarme en una atmósfera musical: alquilé un piano. Llegado el instrumento, di vueltas en torno de él poseído de verdadera angustia: temblaba ante el temor de descubrir que había dejado de ser músico. Empecé por el coro de los marineros y la canción de las hilanderas; en un abrir y cerrar de ojos todo marchó a pedir de boca, y lance gritos atronadores de alegría al cerciorarme con íntimo convencimiento de que era músico aún. En siete semanas quedó compuesta toda la ópera. Pero al fin de ese tiempo me agobiaron las preocupaciones materiales más vulgares: tuvieron que pasar dos meses largos antes de que pudiese escribir la obertura de la ópera terminada, por más que la llevase casi completa en mi cabeza. Naturalmente, no tuve más deseo que tratar de que esa ópera se representase en seguida en Alemania: de Munich y de Leipzig me respondieron con esta fórmula de negativa: que la obra no convenía a Alemania. ¡Cándido de mi! Yo había creído que no convenía más que a Alemania, porque tocaba cuerdas que no pueden vibrar más que en un alemán.

Acabé por mandar mi nuevo trabajo a Meyerbeer, que estaba en Berlín, rogándole procurase su admisión en el teatro Real de esa ciudad. La cosa se hizo bastante de prisa. Estando ya admitido mi *Rienzi* en el teatro Real de Dresde, al ver en perspectiva la representación de dos de mis obras en las principales escenas alemanas, me asaltó involuntariamente el pensamiento de que por suerte singular París me había servido extraordinariamente para Alemania. En cuanto a París mismo, nada tenía que hacer en él ahora durante el curso de algunos años; lo abandoné, pues, en la primavera de 1842. Por primera vez vi el Rihn... con los ojos humedecidos de lágrimas, juré ¡pobre músico! una fidelidad eterna a mi patria alemana.

II *La prohibición de amar*

De la segunda ópera que terminé completamente, *Prohibición de amar,* no doy a luz más que un resumen del argumento y una reseña de la tentativa de su representación con las circunstancias que a ella se asociaron. Si me abstengo de una comunicación semejante por lo que se refiere a mi primera ópera, *Las Hadas,* atendiendo a que no llegó a la publicidad, no creo posible pasar en silencio esta segunda obra de mi juventud, puesto que pudo obtener una publicidad verdadera, como va a verse, y abrogó entonces la atención sobre sí.

Bosquejé el poema de esta ópera en el estío de 1834, durante una temporada de vacaciones en Töplitz, de la cual conservé recuerdos precisos consignados en las siguientes páginas.

Durante algunas hermosas mañanas huí de la gente para ir a almorzar solo a la *Schlatenburg* y trazar en mi cuaderno de apuntes el plan de un nuevo libro de ópera. Me apoderé al efecto del asunto de Shakespeare, *Medida por medida,* y, conforme a mis disposiciones de entonces, lo transformé libérrimamente en un libreto para mi uso, a que puse por título *Prohibición de amar.* Las ideas de la *Joven Europa,* (que obsesionaban entonces los cerebros, y la lectura de *Ardinghello,* exasperadas una y otra por las disposiciones personales de que yo estaba animado contra la música alemana, me sugirieron la nota fundamental de mi concepción, dirigida especialmente contra el puritanismo hipócrita, y destinada en consecuencia a la glorificación atrevida de la «libre sensualidad.» No me tomé el menor trabajo para entender de otra manera el austero pensamiento de Shakespeare; no vi más que el gobernador sombrío y rigorista inflamado de una pasión formidable por la bella novicia, y la bella novicia que, al implorar la gracia de su hermano condenado por un delito de amor, encendía en el puritano rígido la llama más funesta, merced a la irradiación de sus calurosos sentimientos. Que Shakespeare no desenvolviese con tal riqueza esos poderosos motivos dramáticos sino para que pesasen al fin con mayor fuerza en la balanza de la justicia, cosa era de que yo me preocupaba muy poco; a mí no me importaba sino desvelar lo que había de culpable en la hipocresía y de antinatural en el papel cruel de censor. Separándome, pues, completamente de *Medida por medida,* solo me cuidé del castigo del hipócrita por el amor vengador. Transporté el asunto de la Viena fabulosa a la capital de la ardiente Sicilia: aquí un gobernador alemán, indignado de la libertad de costumbres del país, incomprensible para él, intenta un ensayo de reforma puritana, y sucumbe en la demanda de la manera más lamentable. Es verosímil que entrase por algo en esa composición la *Muda de Portici,* y aunque cooperasen también algunas reminiscencias de las *Vísperas Sicilianas:* cuando considero que hasta el dulce siciliano de Bellini tiene algo que ver con la tal obra, no puedo menos de sonreírme del extraño *quid pro quo* a que conspiraron entonces los descarríos más singulares.

No terminé la partitura de esa ópera hasta el invierno de 1835 a 1836. La cosa se hizo en medio del gran desorden de impresiones originado por mi entrada en el teatrito municipal de Magdeburgo, donde había dirigido la ópera durante dos temporadas de invierno. De mi contacto inmediato con el personal de la ópera alemana resultó una extraña depravación, visible entonces en todo el plan y en el desarrollo de esa obra, y visible hasta el punto de que nadie hubiese podido reconocer en el autor de semejante partitura al joven entusiasta de Beethoven y Weber.

He aquí ahora cuál fue su destino.

A pesar de un apoyo regio, y a pesar de una injerencia de la Junta del teatro en la administración, nuestro digno director andaba enredado en una quiebra continua, y no había que esperar de ningún modo en la continuación de su empresa. Así era menester que la representación de mi ópera por el excelente personal de canto, que se hallaba completamente a mis órdenes, sirviese de punto de partida a un cambio radical en mi crítica situación. Desde el último estío tenía derecho a un beneficio como indemnización de ciertos gastos de viaje; y, naturalmente, pensé consagrar ese beneficio al estreno de mi obra, procurando hacer lo menos costoso posible para la dirección ese favor que me debía. A este fin, y como quiera que corriesen a su cargo algunos desembolsos que exigía la nueva ópera, convine en dejarle los ingresos del estreno, percibiendo yo en cambio los de la segunda representación. No me pareció enteramente desfavorable que se aplazase el estudio de la obra hasta fines de la temporada, porque daba por supuesto que el público prestaría singular atención a las últimas representaciones de un personal acogido frecuentemente por un favor poco común. Por desdicha no llegamos a ese excelente fin de la temporada, señalado para los últimos días de Abril; porque ya el mes antes, a consecuencia de inexactitud en el pago, se despidieron las partes favoritas de la compañía, resueltas a buscar mejor colocación en otra parte, sin que la empresa, dada su insolvencia, tuviese medios de impedirlo. Entonces concebí verdaderos temores, pareciéndome más que dudoso que pudiese verificarse el estreno de mi *Prohibición de amar*. Gracias a la gran popularidad de que gozaba cerca de toda la compañía, logré decidir a los cantantes, no solo a prolongar su estancia hasta fines de Marzo, sino a emprender el estudio de mi ópera, estudio fatigosísimo, dada la premura del tiempo. Tan medido era ese tiempo, que, en el supuesto de celebrar dos representaciones, teníamos diez días solamente para todos los ensayos. Como no se trataba de una opereta fácil, sino, a pesar del carácter ligero de la música, de una gran ópera, con muchos trozos importantes de conjunto, el empeño bien podía considerarse como una locura temeraria. Yo fiaba, sin embargo, en el extraordinario esfuerzo que hacían los cantantes por darme gusto, estudiando sin reposo noche y día; y, aunque fuese imposible que los infelices llegasen a sentirse algo seguros de sí, todavía esperaba un milagro final de la pericia que había yo adquirido como director de orquesta. El poder que poseía de mantener a los cantantes, a despecho de la falta más absoluta de seguridad, dentro de cierta corriente a propósito para sostener la ilusión, manifestose realmente en aquellos pocos ensayos generales: apuntándoles de continuo las palabras, cantando con ellos, y dirigiéndoles enérgicas llamadas de atención a propósito de la acción, encaucé el conjunto tan a maravilla, que al parecer debía producir un efecto muy tolerable. Desgraciadamente no habíamos reflexionado que, al llegar la ejecución, en presencia del público, todos esos enérgicos recursos para poner en movimiento la máquina dramático-musical deberían limitarse a las indicaciones de

la batuta y al juego de la fisonomía. En realidad los cantantes, sobre todo los del personal masculino, andaban tan
sumamente inseguros, que la acción se veía entorpecida y
paralizada desde el principio hasta el fin. El primer tenor,
que era el de menos memoria, trataba de suplir con el mejor
deseo del mundo el carácter vivo y provocativo de su papel
(el tarambana Lucio) con la rutina que había adquirido en
Fra Diavolo y Zampa, y sobre todo con un penacho multi-
color, desmesuradamente grande y ondulante. A pesar de
eso no había que extrañar que el público no viese claros los
pormenores de una acción simplemente cantada, sobre todo
cuando la dirección no había conseguido llegar a imprimir
el libreto por separado. A excepción de algunos pasajes de las
cantantes, acogidos con éxito, el conjunto, que yo soñaba,
de una acción atrevida y un diálogo movido y enérgico se
redujo a un juego musical de sombras chinescas, a que prestó
generoso concurso la orquesta con sus confusas expansiones
y con un estruendo frecuentemente exagerado. Como detalle
característico de mi modo de tratar el color instrumental,
citaré este hecho: el músico mayor de una banda militar pru-
siana, a quien le gustó mucho la obra, creyó preciso darme
benévolas instrucciones para mis composiciones futuras en
punto al empleo del bombo.

Antes de dar a conocer la suerte ulterior de esta obra singular de mi juventud, haré una breve reseña de su carácter,
sobre todo en lo que afecta al poema.

La obra de Shakespeare muy austera en el fondo, se modificó en mis manos al tenor siguiente: Un rey anónimo de Sicilia abandona su reino para hacer un viaje a Nápoles, y transmite al gobernador que deja de regente (llamado Friedrich a secas a fin de darle carácter alemán), plenos poderes para que reforme las costumbres de la capital siciliana, de las cuales está escandalizado el rígido consejero.

Al comienzo de la obra se ve en funciones a los agentes de la fuerza pública, cerrando unos los establecimientos prohibidos de un barrio de Palermo, arrasándolos otros y llevándose presos a sus concurrentes y dueños. El pueblo se opone a esa medida: gran escaramuza. En lo más recio del tumulto el jefe de los esbirros, Brighella (bajo caricato), después de un redoble de tambor que restablece la calma, lee el bando del gobernador, según el cual, se ha procedido en bien de la mejora de las costumbres. Una carcajada general y un coro irónico interrumpen la lectura; Lucio (tenor), mancebo hidalgo y libertino jovial, parece querer erigirse en jefe del pueblo, y encuentra a poco la ocasión de interesarse más a fondo en la causa de los oprimidos: tropezándose en el camino con su amigo Claudio (otro tenor) a quien llevan preso, oye de su boca que, en virtud de una añeja ley exhumada por Friedrich, debe sufrir la pena de muerte por un delito de amor. Ha hecho madre a su amada, cuya mano le habían negado hasta entonces padres hostiles. Al odio de la familia se asocia el celo rigorista de Friedrich; Claudio teme que el asunto acabe del peor modo, y no espera ya su salvación más que de la clemencia, si la intercesión de su hermana Isabel logra ablandar el corazón inflexible del regente. Lucio promete a su amigo ir en busca de su hermana al convento de las Hijas de Santa Isabel, en donde acaba de entrar como novicia.

Allí, en el tranquilo retiro del claustro, conocemos mejor a esa joven por un diálogo íntimo con su amiga Mariana, que ha entrado también como novicia. Esta última descubre a la amiga de quien ha estado separada mucho tiempo, la triste suerte que la ha conducido a aquel sitio. Fiando en la promesa de una eterna fidelidad, se decidió a unirse secretamente con un hombre de alta jerarquía; pero se ha visto abandonada y hasta perseguida por él, porque el traidor se ha revelado finalmente como el hombre más poderoso del Estado: es, ni más ni menos, que el consejero actual del rey. Isabel desahoga su indignación en acentos inflamados, y no se calma sino después de resolverse a abandonar un mundo donde ha podido cometerse impunemente tan monstruosa hazaña.

Pero cuando Lucio le participa la suerte de su propio hermano, la aversión que siente por la falta de este último se trueca al momento en una cólera violenta contra la infamia del hipócrita regente. ¿Es él el que pretende castigar con crueldad tamaña aquella falta infinitamente menor que la suya, aquella falta de un hombre que al menos no se ha manchado con una traición? Su viva efervescencia le comunica irresistibles seducciones a los ojos de Lucio, que, inflamado de repente por un violento amor, la insta a abandonar para siempre el convento y aceptar su mano. Isabel, llena de dignidad, sabe tenerlo a distancia, pero acepta sin vacilaciones que la acompañe a presencia del regente.

Aquí se prepara la escena del juicio a que puse por introducción un interrogatorio burlesco de diversos delincuentes contra las costumbres, por el jefe de los esbirros Brighella. La seriedad de la situación resalta así más, cuando aparece el sombrío Friedrich reclamando silencio, en medio del tumulto del populacho, y cuando el mismo regente comienza el interrogatorio de Claudio en términos severos. Ya va a pronunciar la sentencia el juez inexorable, cuando llega Isabel solicitando hablarle antes a solas.

Durante esa conferencia, la joven se domina con noble reserva ante aquel hombre a quien teme y desprecia, sin embargo, no dirigiéndose más que a su indulgencia y misericordia. Las objeciones que él opone aumentan el calor de sus sentimientos; presenta con colores conmovedores la falta de su hermano, e implora el perdón de un desliz tan humano y disculpable a la postre. Notando el efecto producido por sus expresiones calurosas, continúa con ardimiento creciente, apela a aquel corazón de juez que ahora se cierra con tanta dureza, a aquel corazón que no puede haber permanecido cerrado siempre a los mismos sentimientos que arrastraron a su hermano, a aquel corazón cuya propia experiencia invoca, llena de angustia, para ayudarla en su empresa Se ha roto el hielo: Friedrich, impresionado profundamente por la belleza de Isabel, no es ya dueño de sí mismo, y promete concederle lo que pide al precio de su amor.

Apenas se da ella cuenta de haber producido ese efecto inesperado, corre a la ventana y a la puerta en un acceso de indignación contra infamia tan inconcebible, llamando al pueblo para desenmascarar al hipócrita a los ojos de todo el mundo. Ya la muchedumbre amotinada se precipita en la sala del Tribunal, cuando Friedrich, gracias a los esfuerzos de una energía desesperada, consigue demostrar a Isabel, mediante algunas indicaciones significativas, la imposibilidad de conseguir su objeto: él negaría atrevidamente su acusación, explicaría la proposición que hizo por su parte como un medio de prueba, y se prestaría crédito a sus palabras. Isabel, turbada y confusa, reconoce lo aventurado de su intento, y se abandona a la rabia muda de la desesperación. Pero cuando Friedrich anuncia al pueblo el supremo rigor y al acusado su sentencia, Isabel, movida por la dolorosa suerte de Mariana, concibe con la rapidez del relámpago el proyecto salvador de obtener por la astucia lo que parece imposible conseguir por la violencia abierta. Pasa entonces, por una transición brusca, de la más profunda aflicción a la más franca jovialidad: se dirige a su consternado hermano, a su afligido amigo, a la multitud perpleja, anunciándoles que les prepara a todos una sorpresa de las más agradables, porque los regocijos del carnaval, que el gobernador acaba de prohibir severamente, deben celebrarse aquel año con la mayor extravagancia: en efecto, aquel hombre temido no se muestra tan cruel sino en apariencia, a fin de sorprender más gratamente al pueblo con su alegre participación en todo lo que prohíbe.

Todos creen que se ha vuelto loca; Friedrich, con especialidad, le reconviene en los términos más duros su inconcebible demencia; pero algunas palabras de Isabel bastan para trastornar al mismo gobernador porque murmura a su oído, en una confidencia furtiva, la promesa de colmar todos sus deseos y dirigirle a la noche siguiente una invitación anunciándole su ventura.

Así termina el primer acto en medio de la más viva agitación. ¿Cuál es el plan tan rápidamente concebido por la heroína? Lo sabemos al empezar el acto segundo. Isabel va a la prisión de su hermano para saber ante todo si es digno aún de la absolución. Le descubre las proposiciones ultrajantes de Friedrich, y le pregunta si desea salvar su vida delincuente al precio del deshonor de su hermana. A las primeras explosiones de cólera de Claudio, a su abnegación para el sacrificio, sucede una disposición muelle que hace pasar al infeliz de la tristeza a la debilidad, cuando se despide por siempre de su hermana, encargándole un adiós conmovedor para la amada a quien abandona. Isabel, pronta a comunicarle su salvación, se detiene con desaliento, al verle caer del más noble entusiasmo hasta la débil confesión de su amor a la vida, hasta esta tímida pregunta: ¿le parece, pues, exorbitante el precio de su salvación? Isabel se levanta horrorizada, rechaza lejos de sí a aquel hermano indigno, y le anuncia que ya no le resta sino unir a una muerte ignominiosa todo su menosprecio. Después de restituirlo al carcelero, su actitud vuelve a revestir, por un cambio instantáneo, la expresión serena y altiva de un alma resuelta: es verdad, se decide a castigar las vacilaciones de su hermano, prolongando la incertidumbre en que se halla sobre su suerte; pero persiste también en su designio de librar al mundo del más afrentoso hipócrita que ha pretendido nunca dictarle la ley. Conviene con Mariana en que esta última acuda en su lugar a la cita concertada con Friedrich para la noche próxima, y envía a Friedrich la invitación a ese encuentro, que, para envolver mejor al enemigo en su perdición, debe verificarse bajo disfraz en una de las casas prohibidas por el mismo regente. Habiendo formado el designio de castigar también al calavera de Lucio por la audaz declaración de amor hecha a la novicia, le da parte de los deseos de Friedrich y de la supuesta necesidad en que se halla de ceder; explica el caso con un desenfado tan inconcebible, que el joven aturdido de antes experimenta la mayor estupefacción y desesperación, y jura que, si conviene a la noble doncella sufrir ese inaudito ultraje, él intentará impedirlo con todo su poder: antes ahogaría en fuego y sangre a todo Palermo.

En fin, toma sus medidas para que todos sus amigos y conocidos se reúnan aquella tarde a la salida del Corso so pretexto de inaugurar la gran mascarada prohibida. Allí, a la caída de la noche, en el momento en que empieza a manifestarse ya la alegría y la turbulencia, se presenta Lucio entonando una canción extravagante de circunstancias, que tiene por estribillo:

«Al que no coree esta canción
atravesarle el corazón.»

Logra provocar a la multitud a la rebelión abierta. En el momento en que se acerca una partida de esbirros para dispersar a la muchedumbre, debe empezar a realizarse el plan sedicioso; pero Lucio reclama antes una última concesión: la de dispersarse en las cercanías, porque allí está el sitio de la pretendida cita con el gobernador, el sitio cuyo secreto le ha entregado Isabel. Lucio espía a Friedrich; lo reconoce bajo el disfraz, y lo detiene; el otro, desprendiéndose con energía, lo persigue, gritando, con la espada desenvainada; pero es detenido a su vez y extraviado merced a instrucciones de Isabel oculta en un bosque próximo. La joven sale entonces de su escondite, regocijándose a la idea de que en aquel mismo punto es restituido el esposo infiel a aquella Mariana a quien había hecho traición; en seguida, creyendo tener en su mano el indulto prometido, está a punto de renunciar a

toda ulterior venganza, cuando, abriendo el escrito para leer-
lo a la luz de una antorcha, descubre con espanto la orden
de ejecución agravada, orden que, gracias a la corrupción
del carcelero, llegó a su poder en el instante mismo en que
desistía de transmitir a su hermano la noticia de su perdón.
Friedrich, después de rudos combates contra la pasión que
lo devoraba, reconociendo su impotencia contra aquel enemigo de su reposo, había resuelto perecer, ya que criminal,
como hombre de honor al menos. Una hora en los brazos de
Isabel, y después su propia muerte...

Sufriendo el rigor de la misma ley que condenaba a
Claudio de una manera irrevocable.

Isabel, no viendo en esa manera de obrar más que una
nueva acumulación de ignominias, se abandona al furor de
la desesperación. Al oír sus excitaciones a la rebelión inmediata contra el más infame de los tiranos, el pueblo entero se
precipita en masa confusa; Lucio, que sobreviene también,
aconseja a la multitud con expresiones amargas a no prestar
oídos a los arrebatos de aquella mujer que la engañaría como
lo ha engañado a él mismo. Nueva confusión y desesperación de Isabel; de pronto se oyen por dentro gritos burlescos
de Brighella, pidiendo auxilio: envuelto en aquella intriga de
los celos, acaba de apoderarse, por equivocación, del gobernador disfrazado, y contribuye así a descubrirlo. Friedrich
se ve desenmascarado. Se reconoce a Mariana trémula junto
a él; se propagan sucesivamente la sorpresa, la cólera y la

alegría; se cambian con rapidez las explicaciones necesarias; Friedrich demanda con semblante sombrío el juicio del rey que vuelve, por haber incurrido en la pena capital. Claudio, sacado de la prisión por la multitud delirante, le dice que en aquel tiempo la ley no castiga con la muerte las faltas de amor.

Nuevos mensajeros anuncian la entrada inesperada del rey en el puerto; se decide formar una gran mascarada, y dirigirse así, a guisa de alegre homenaje, al encuentro del príncipe bien amado, que, en medio de su alegría, comprenderá seguramente el mal efecto que debe producir el sombrío puritanismo alemán en aquella ardiente tierra de Sicilia. A. él se atribuye esta frase: «Yo me complazco más en la animación de las fiestas que en vuestras sombrías leyes.» Friedrich, con su esposa Mariana, unida nuevamente a él, debe abrir la marcha ahora; detrás forman una segunda pareja Lucio y la novicia, perdida por siempre para el claustro...

Esa acción viva, esas escenas cuya concepción puede calificarse de atrevida en ciertos respectos, estaban redactadas en un estilo que no carecía de propiedad y en versos esmerados. La policía puso inconvenientes al título de la obra; de no sustituirlo, hubiese sido causa de la ruina completa de mis planes. Estábamos en Semana Santa, época en que se prohibían en el teatro las obras ligeras o simplemente frívolas.

Felizmente, el magistrado con quien tuve que entenderme no se cuidó de entrar en pormenores sobre el libreto; y como yo asegurase que estaba compuesto con arreglo a una obra muy seria de Shakespeare, se contentó con la modificación del título, reemplazándose el que veía con malos ojos por el de *La novicia de Palermo,* en que no encontraba ya ninguna cosa escabrosa, y sobre cuya impropiedad no se formuló ningún escrúpulo.

No tuve la misma suerte en Leipzig donde poco tiempo después traté de hacer pasar mi nueva obra en sustitución de mis *Hadas* sacrificadas.

Esperaba lisonjear y ganar a mi proyecto al director del teatro, adjudicando el papel de Mariana a su propia hija, que se estrenaba en la ópera; pero encontró en la tendencia del asunto un pretexto muy plausible para rechazar la obra, diciendo que, si el magistrado de Leipzig permitía su representación, lo cual dudaba mucho en autoridad tan competente, él, como padre de conciencia, no autorizaría a su hija a tomar parte.

Esa tendencia de mi libreto -cosa curiosa- no me perjudicó nada en la representación de Magdeburgo, porque, como ya he dicho, el público se quedó pura y simplemente sin enterarse del asunto a consecuencia del absoluto embrollo de la ejecución. La circunstancia, pues, de que no se había manifestado ninguna hostilidad contra la *tendencia* hacia posible una segunda representación; nadie suscitó reclamación ninguna, porque nadie se preocupaba de tal cosa. Yo veía bien que mi ópera no había producido efecto, y que el público no sabía a qué atenerse sobre lo que podría querer decir todo aquello: me prometía, sin embargo, una recaudación considerable, en el supuesto de que era la última función de la compañía, lo cual no fue óbice para que reclamase lo que se llamaba la tarifa alta de los precios. ¿Había algunas personas en el teatro antes de empezar la obertura? Cuestión sobre la cual me es difícil pronunciarme seguramente; como un cuarto de hora antes del momento en cuestión solo vi a mi casera y a su marido, y, cosa sorprendente, a un judío polaco, de toda gala, en los sillones de orquesta. Aún esperaba yo, a pesar de todo, mayor afluencia, cuando de repente sobrevinieron entre bastidores sucesos inauditos.

El marido de mi primera cantante -que hacia el papel de Isabel- pegaba al segundo tenor -que representaba el de Claudio;- este último era un jovencillo agraciado, que hacía tiempo excitaba los celos del susodicho esposo. Parece que el tal marido, después de notar, como yo, la ausencia del público, juzgó llegada al fin la anhelada hora de dejar caer su venganza sobre el amante de su mujer, sin causar perjuicios a la empresa. El infeliz Claudio, maltratado violentamente, tuvo que escurrirse al vestuario con la cara ensangrentada. Isabel, enterada del suceso, se precipitó desesperada al encuentro del marido furioso, y recibió tan tremendos cachetes que cayó presa de convulsiones. La confusión que se armó en un instante no tuvo límites; cada cual tomaba partido en pro o en contra, y en poco estuvo que no se llegase a una contienda general; porque aquella malhadada noche les pareció a todos, por lo visto la más oportuna para el ajuste final de cuentas de sus supuestas ofensas recíprocas. Era evidente que la pareja estropeada por la *prohibición de amar* del marido de Isabel no podía presentarse en escena aquel día; en consecuencia, anunciose a la escogidísima concurrencia de la sala que «por causas imprevistas» no podía verificarse la representación de la ópera...

Jamás hice ninguna otra tentativa por rehabilitar la obra de mi juventud.

III Traslación de las cenizas de Weber a Dresde

Un hermoso y solemne suceso vino a influir sobre la disposición de espíritu en que terminaba la composición de *Tannhäuser*, neutralizando la continua distracción que me ocasionaban diversas relaciones exteriores. Fue la traslación desde Londres a Dresde de los restos mortales de Carlos María Weber, felizmente realizada en diciembre de 1844. Dos años antes se había formado una comisión que venía haciendo propaganda al efecto. Sabíase por un viajero que el modesto sarcófago que guardaba las cenizas de Weber se había depositado en apartado rincón de la iglesia de san Pablo de Londres con tal falta de consideraciones, que se podía temer no volver a descubrirlo en algún tiempo. Mi enérgico amigo, el profesor Loewe, utilizó esa noticia para excitar a la Liedertafel, de que era celosísimo presidente, a tomar a su cargo esa empresa de la traslación. El concierto que dieron los coros de hombres para subvenir a los gastos produjo un fruto relativamente importante: entonces hubo el proyecto de asociar a la misma causa a la intendencia del teatro; pero allí, en los lugares mismos donde dirigió el maestro, se tropezó con una resistencia tenaz. La dirección general participó a la comisión que el Rey experimentaba escrúpulos religiosos a propósito de aquella medida destinada a turbar el reposo de un muerto. Aunque fuese lícito no prestar gran crédito al motivo alegado, no por eso era menos evidente que no había que contar con nada; entonces fue cuando aprovechando mi nueva posición de *capellmeister,* lleno de esperanzas, me hicieron tomar parte en el plan. Me presté a ello con mucho entusiasmo; me dejé nombrar presidente, y se me asoció una autoridad en materia de arte, el consejero áulico Sr. Schulz, director del gabinete de antigüedades, y además banquero. Diose nuevo impulso a la propaganda, se publicaron invitaciones por todas partes, se trazaron planes precisos, y se celebraron innumerables sesiones. Volvía, pues, a encontrarme en antagonismo con mi jefe Sr. de Lüttichau; a ser posible, no hubiera él dejado de oponerme una prohibición absoluta en nombre de la autoridad real, ya pretextada; pero sabía por experiencia los inconvenientes de chocar conmigo en semejantes asuntos. Por otra parte, ni esa voluntad del Rey se había pronunciado tan abiertamente contra la empresa, ni hubiera podido oponerse al proyecto desde el punto de vista de la iniciativa privada; al contrario, no hubiese hecho más que suscitar algún rencor contra la corte, si el teatro Real, a que había pertenecido Weber, llegaba a encerrarse en una abstención hostil. Así el Sr. de Lüttichau apeló más bien a razones de sentimiento para ver de apartarme del asunto suponiendo que sin mi concurso no prosperaría. Me manifestó lo difícil que le era admitir que se tributasen honores tan exagerados a la memoria de Weber, cuando nadie pensaba en ir a buscar a Italia las cenizas de Morlacchi, cuyos servicios en la capilla real habían durado mucho más tiempo. «Supóngase Vd. -me decía- que llega a morir Reissiger en una estación balnearia; su mujer podría pedir con el mismo derecho que la viuda de Weber, que se trajese el cuerpo de su marido con cruz y pendón.» Yo procuré tranquilizarlo sobre ese punto; si no conseguí hacerle comprender claramente la diferencia de los casos que confundía, por lo menos logré convencerlo de que ahora el asunto iba por buen camino, tanto más, cuanto que el teatro Real de Berlín acababa de anunciar una función a beneficio de nuestra obra. Efectivamente: a instigación de Meyerbeer, a quien se dirigió la comisión, llevose a efecto ese beneficio con *Euriante, y* dio un ingreso líquido de 2.000 taleros. Siguieron el ejemplo algunos teatros de orden inferior, de lo que el teatro Real de Dresde no podía ya permanecer más tiempo a la zaga, y desde entonces pudimos presentar a nuestro banquero un capital suficiente para subvenir a los gastos de la traslación y encargar una tumba conveniente con monumento apropiado; pudimos también reservar un fondo para erigir en adelante una estatua a Weber. Uno de los dos hijos que habían sobrevivido al maestro marchó a Londres para traer las cenizas de su padre. El regreso se verificó por el Elba, y los despojos mortales llegaron al fin al desembarcadero de Dresde, donde por primera vez debían ser transportados en tierra alemana. La conducción debía efectuarse de noche, a la luz de las antorchas, con el desfile de un cortejo solemne; yo me encargué de la música fúnebre. La compuse con dos motivos de *Euriante:* utilicé el pasaje de la obertura que caracteriza la aparición del fantasma como introducción a la cavatina *Aquí junto al manantial,* que transporté al si bemol mayor, sin cambio ninguno, y enlacé después, para concluir, con la repetición del primer motivo transfigurado, como en el final de la ópera. Esa pieza sinfónica se adaptaba, pues, perfectamente a las circunstancias. La orquesté para ochenta instrumentos de viento escogidos, y tuve ocasión de estudiar a fondo, entre otras cosas, el empleo de sus registros más suaves; sustituí el trémolo de las violas, que acompaña la parte tomada de la obertura, con veinte tambores enfundados que tocaban *pianissimo;* obtuve así, aun en los ensayos del teatro, una impresión de conjunto tan arrebatadora y sobre todo en tan íntima armonía con nuestros recuerdos de Weber, que la señora Schroeder-

Devrient, que había sido amiga del maestro y estaba presente en el ensayo, se sintió transportada a los últimos límites de la emoción, y yo pude felicitarme de no haber hecho jamás nada que respondiese tan perfectamente a su objeto. No fue menos feliz el efecto que produjo esa música ejecutada al aire libre durante el cortejo solemne. Como debían resultar dificultades especiales de la excesiva lentitud de la medida, que ninguna indicación rítmica caracterizaba claramente, hice que se evacuase la escena durante el ensayo general; así gané el espacio preciso para que los músicos marchasen alrededor de mí tocando la pieza después de haberla estudiado convenientemente. Espectadores que vieron llegar y pasar el cortejo desde las ventanas me aseguraron que la impresión de solemnidad había sido de una grandeza inexpresable.

Depositamos el féretro provisionalmente en la capillita funeraria del cementerio católico de Friedrichstadt, donde lo esperaba la señora Devrient con una corona, discreto y modesto homenaje de bienvenida; a la siguiente mañana tuvo efecto la solemne sepultura en el panteón preparado por nosotros. Al par que el otro presidente, recibí el honroso encargo de pronunciar una oración fúnebre. Me dio el asunto para componerla una circunstancia muy reciente y conmovedora: la muerte de Alejandro de Weber, el hijo menor del maestro difunto, acaecida poco tiempo antes de esa traslación. El fallecimiento inesperado de ese joven en la flor de la edad causó a su madre tan espantosa sacudida que, a no estar ya tan adelantada nuestra empresa, hubiesemos tenido que abandonarla al ver que la viuda parecía descubrir en esa nueva y terrible pérdida un castigo del cielo por la vanidad de querer trasladar los despojos del ser que había perdido. Notando que el público con su sentimentalismo especial, se entregaba también a preocupaciones de esa índole, me creí en el deber de presentar nuestra empresa bajo su verdadero punto de vista, y salí tan bien de mi empeño que según el testimonio de todo el mundo, no hubo la objeción más mínima contra mi justificación. Entonces pude hacer sobre mí mismo una experiencia particular, porque era la primera vez de mi vida que me encargaba de pronunciar en público un discurso solemne Después cuando he tenido que hacer discursos, no he hablado nunca más que *ex tempore;* pero en aquel estreno, y a fin de dar a mi oración fúnebre la concisión necesaria, la escribí y aprendí de memoria. Completamente poseído de mi asunto y de las reflexiones que me había inspirado, me creía tan seguro, que no tomé ninguna medida para recibir auxilio; con eso causé a mi hermano Alberto, que estaba no lejos de mí durante la ceremonia, un instante de viva inquietud, hasta el punto de que llegó a maldecirme, según me confesó, por no haberle entregado el manuscrito para que me apuntase. Es el caso que, habiendo empezado mi discurso con voz clara y llena, me afectó tan profundamente durante un momento la impresión casi espantosa que produjeron sobre mí mi propia palabra, su acento y su sonoridad, que a la vez que me oía, creía *verme* enfrente de aquella multitud que contenía la respiración para escucharme; y, mientras me *objetivaba* de esa suerte fuera de mí mismo, caí en un estado de concentración absoluta, durante el cual esperaba el desarrollo de la acción subyugadora que iba a realizarse delante de mí, exactamente como si yo no hubiese sido la misma persona que ocupaba aquel puesto y tenía que llevar la palabra. Por mi parte no experimenté la menor ansiedad, ni siquiera la menor turbación; todo se redujo a que, después de una pausa natural, hubo una interrupción tan desmedidamente larga, que los que me vieron inmóvil, absorto, con la mirada concentrada, no sabían qué pensar de mí. Por último, mi propio silencio y la muda inmovilidad de la multitud que me rodeaba me recordaron que estaba allí para hablar, no para escuchar; volví sobre mí en el acto, y pronuncié mi discurso hasta la conclusión con tal desenvoltura, que el célebre Emilio Devrient me aseguró luego que se había sentido impresionado asombrosamente, no solo como espectador interesado en los funerales, sino ante todo en su calidad de actor dramático. La ceremonia terminó con la ejecución de una poesía escrita y puesta en música por mí para voces de hombres -obra muy difícil, que fue perfectamente interpretada bajo la dirección de los mejores cantantes de nuestro teatro.- El mismo Sr. de Lüttichau, presente en la ceremonia, me declaró que salía convencido de la legitimidad de la empresa y ganado a nuestra causa.

Fue un resultado hermoso que me complació, satisfaciendo mis sentimientos más íntimos y profundos; si hubiese faltado aún alguna cosa, la viuda de Weber, a quien visité a la salida del cementerio, hubiera contribuido a disipar toda nube a mis ojos con la extrema cordialidad de sus efusiones. Para mí encerraba aquel hecho un sentido profundo: atraído a la música con una pasión tan exaltada en los primeros años de mi adolescencia por la aparición exuberante de la vida de Weber, y afectado tan dolorosamente después por la noticia de su pérdida, ahora, en la edad madura, acababa de entrar, por decirlo así, en contacto personal e inmediato con él, merced a esa segunda y última inhumación. Después de mis antiguas relaciones con los maestros supervivientes, y después de la experiencia que les debía, puede colegirse en qué fuente tendrían que fortificarse mis aspiraciones hacia un comercio íntimo con los genios del arte musical. No era consolador dirigir la mirada desde la tumba de Weber a sus sucesores vivos; pero la poca esperanza que dejaba esa perspectiva no debía manifestarse claramente en mí sino con el tiempo.

DISCURSO PRONUNCIADO EN LA ÚLTIMA MORADA DE WEBER

Descansa al fin aquí. ¡Sea éste el lugar sin fausto que nos guarde tus queridos despojos! Que aun cuando allá, a lo lejos, hubiesen ocupado regias tumbas en la más orgullosa catedral de una orgullosa nación, creemos, no obstante, que tú hubieses preferido para lugar supremo de reposo una tumba modesta en tierra alemana.... No pertenecías tú ciertamente a ese linaje de fríos ambiciosos que no tienen patria, que prefieren aquel país del mundo donde su avidez de honores encuentra suelo más rico para prosperar... Si fatales necesidades te arrastraron allí donde hasta el genio se subasta, tuviste tiempo al menos para volver tus ojos amorosos hacia el hogar nativo, hacia la mansión modesta y campestre, donde, al lado de tu querida mujer, brotaban de tu corazón las melodías. «¡Ah, si estuviese todavía junto a vosotros, amados míos!» ¡Tal fue el último suspiro con que nos despediste en extranjera tierra!... Si tú fuiste un alma tan calurosa, ¿quién nos censuraría a nosotros por corresponderte con el mismo ardor, por compartir contigo ese vivo entusiasmo, por haber cedido a la aspiración silenciosa de poseerte a nuestro lado en la patria querida? ¡Oh! ¡Ese entusiasmo te ha hecho, con una simpática violencia, el bien amado de tu pueblo! ¡Jamás hubo en el mundo un músico más *alemán* que tú! En cualquier región, en cualquier reino lejano y etéreo de la fantasía adonde el genio te arrebatara, permanecías encadenado siempre por mil delicadas fibras a este corazón del pueblo alemán con el cual lloraste y sonreíste, como alma crédula de niño cuando escucha atentamente las leyendas y los cuentos de su país. Sí: esa ingenuidad de niño fue la que guió, como ángel bueno, tu espíritu viril, conservándolo eternamente casto y puro; y en esa castidad de alma residía tu originalidad: guardando sin mancha siempre esa magnífica virtud, no necesitabas reflexionar y meditar; no tenías más que *sentir:* habías descubierto de ese modo el manantial más profundo de belleza. Has conservado hasta la muerte esa suprema virtud: jamás pudiste sacrificarla; jamás pudiste desprenderte de esa hermosa herencia de tu origen alemán; jamás hubieses podido hacernos traición... Ve: ahora Inglaterra te hace justicia, Francia te admira; pero solo Alemania puede *amarte:* eres cosa suya, eres un bello día de su existencia, una cálida gota de su sangre, una partícula de su corazón... ¿Quién nos censuraría, pues, por haber querido que tus cenizas formen también una partícula del suelo de la cara patria alemana?

Una vez más: no nos dirijáis reconvenciones, vosotros los que desconocéis el genio profundo del corazón alemán, de este corazón que se exalta tan fácilmente, cuando ama. Si era exaltación lo que nos hacia suspirar por los queridos despojos de nuestro bien amado Weber, era esa exaltación que tan estrechamente nos asemeja a él, esa exaltación por cuya virtud brotaron todas las ricas floraciones de su espíritu, por la cual lo admira el mundo, por la cual lo amamos nosotros... Así, querido Weber, al sustraerte a los ojos de los que te admiran para restituirte a los brazos de los que te aman, realizamos un acto de amor hacia ti, que jamás buscaste la admiración, sino el amor tan solo. Lejos del mundo que alumbran tus destellos, acompañamos tu vuelta al país natal, al seno de la familia. Preguntad al héroe que marcha a la victoria qué le causa mayor placer después de los días gloriosos pasados en el campo del honor. Seguramente el regreso a la patria donde lo esperan su mujer y sus hijos. Y ved, no hay que emplear aquí expresiones figuradas: tu mujer y tus hijos te esperan realmente. No tardarás en oír sobre tu lecho de reposo las pisadas de la esposa fiel que tanto y tanto tiempo aguardó tu vuelta, y que ahora, acompañada de un hijo querido, derrama las más ardientes lágrimas de ternura por el bien amado devuelto. Tú eres ya un espíritu bienaventurado... ella pertenece al mundo de los vivos y no puede posar sus ojos en los tuyos para darte la bienvenida... así Dios ha enviado un mensajero para acoger tu vuelta, para darte esa bienvenida, para atestiguarte el amor imperecedero de tus fieles. Tu hijo más joven ha sido elegido para esa misión a fin de estrechar los lazos entre los vivos y los muertos; ángel de luz, ciérnese ahora sobre vosotros, y os trae el anuncio de vuestro mutuo afecto... ¿Dónde está, pues, la muerte? ¿Dónde la vida? ¡Allí donde ambas se unen en alianza tan maravillosamente hermosa, allí reside el germen de la vida eterna!... ¡Déjanos, pues, querido difunto, entrar contigo en esa bella alianza! No conoceremos ya muerte, ni corrupción, sino expansión y crecimiento. La piedra que encierra tus despojos será para nosotros la roca del desierto, de donde el gran profeta hizo brotar en otro tiempo la fuente viva: de ella manará hasta lo más lejano de las edades un magnífico torrente de vida incesantemente renovada, incesantemente creadora... ¡Tú, manantial de todo lo que existe, haz que nunca olvidemos esta alianza, que seamos siempre dignos de esta unión!

POESÍA CANTADA DESPUÉS DE LA INHUMACIÓN

«Elévense vuestros cantos ¡oh testigos de esta hora que tan grave y solemnemente nos conmueve! ¡Confiad al Verbo en este instante, confiad a la Música el anuncio del sublime sentimiento que agita nuestros corazones! La materna tierra alemana no está ya de duelo por el hijo arrebatado tan lejos de su amor; no vuelve ya los ojos en actitud apasionada al través de los mares hacia la lejana Albión... ha vuelto a recoger en su regazo, al que un día envió noble, grande y cariñoso.

Aquí, donde corrieron las lágrimas mudas de la aflicción, donde el amor llora aún su más caro objeto, hemos formado una noble alianza que nos une en torno de él, del Maestro radiante: acudid aquí, fieles compañeros de la alianza; saludaos como una piadosa procesión de peregrinos; traed a este noble lugar la ofrenda de las más bellas flores nacidas de este consorcio:

«descanse, pues, aquí, admirado y amado, aquel a quien debe nuestra alianza la ventura de su consagración.»

IV Mis recuerdos sobre Spontini

I

La muerte de Spontini (1851), para quien observa la evolución de la música moderna de ópera, pone término a un fenómeno notable: el de haber sido contemporáneos los tres compositores que representan las tres direcciones principales de ese género artístico. Queremos hablar de Spontini, Rossini y Meyerbeer. Spontini fue el último eslabón de una cadena de compositores cuyo primer anillo forma Glück; lo que quiso Glück, lo que fue el primero en acometer metódicamente -la *dramatización* más completa posible de la cantata de ópera- lo realizó Spontini... hasta donde cabía en esa forma musical.

En el momento en que Spontini afirmaba con sus actos y sus declaraciones que era imposible ir más lejos que él en esa vía, apareció Rossini, el cual, dejando a un lado completamente el objeto dramático de la ópera, puso de relieve y desenvolvió de una manera exclusiva el elemento frívolo y puramente sensual, inherente a ese género. Aparte este contraste, había en el influjo ejercido por ambos músicos esta diferencia esencial: que Spontini y sus predecesores dirigían el gusto del público, merced a la firmeza de sus principios en materia de arte, de suerte que ese público tenía que tomarse el trabajo de penetrar en la intención de los maestros y adoptarla; mientras que, Rossini, lo apartaba de esa disposición estética, cogiéndolo por su lado flaco, por el de la pura sensualidad y la distracción a todo precio, y le sacrificaba su preeminencia de artista, abandonando el derecho de señalar por sí propio lo que debía agradarlo. Si hasta Spontini el compositor dramático conservó frente al público, en interés de una alta concepción artística, la actitud de un hombre que dirige y da el tono, desde Rossini, y mediante él, el público se ha visto en situación de proponer e imponer sus exigencias a propósito de la obra de arte, y esto hasta el punto de que ahora no puede obtener ya nada nuevo del artista, sino solo variaciones del tema que él mismo ha reclamado.

Meyerbeer, que en su manera derivada de la tendencia rossiniana, adoptaba *a priori* por código artístico el gusto público preexistente, procuró dejar a sus procedimientos alguna apariencia de principios y de carácter, por consideración a cierta clase de inteligencias; además de seguir la tendencia rossiniana, se apropió la de Spontini, falseando y desnaturalizando las dos, como es de suponer. Sería difícil decir toda la aversión que sintieron Spontini y Rossini por esa explotación y esa mezcla de sus tendencias propias; si su autor hacía el efecto de un camandulero al genio desenfadado de Rossini, Spontini veía en él al artista que había vendido los secretos más inalienables del arte creador.

Muchas veces, durante los triunfos de Meyerbeer, nuestra vista se dirigía involuntariamente hacia aquellos maestros retirados, apenas pertenecientes ya a la vida real, que vislumbraban a distancia en aquella visión de gloria al hombre incomprensible para ellos. La figura artística que más encadenaba nuestras miradas era la de Spontini: aquel hombre podía considerarse con orgullo, pero sin tristeza -porque le guardaba de ello un extraordinario disgusto del presente- el último de los compositores de ópera que consagraron sus esfuerzos con austero entusiasmo y noble voluntad a una idea artística, y cuyo origen se asociaba a una época que ofrecía a los ensayos acometidos para realizar esa idea un tributo universal de estima y de profundo respeto, a que se unían frecuentemente el afecto y el apoyo.

Rossini, con el vigor de su exuberante naturaleza, ha sobrevivido a las variaciones éticas de Bellini y de Donizetti sobre su tema voluptuoso, ese plato suculento para el gusto del público, con que había agasajado al mundo musical; Meyerbeer asiste, al par que nosotros, a sus éxitos, que inflaman al orbe entero de la ópera, y proponen este enigma a las reflexiones del artista: ¿a qué categoría de las artes públicas pertenece, propiamente hablando, el género *ópera?*.. Pero Spontini... ha muerto, y con él ha bajado visiblemente a la tumba todo un grande y noble periodo artístico, digno de un respeto profundo: ninguno de los dos pertenece ya a la vida, sino solo a la historia del arte...

¡Inclinémonos profunda y respetuosamente ante el sarcófago del creador de *La Vestal,* de *Hernán Cortés* y de *Olimpia!*

II

Acababa de saber la noticia de la muerte de Spontini, cuando escribí para un periódico de Zurich las anteriores consideraciones, tales y como me las había inspirado la gravedad del momento. Más tarde, entre los recuerdos de mi tiempo de *capellmeister* en Dresde, tuve que fijar también los singulares pormenores de mi íntimo comercio con Spontini en 1844. Encontré esos pormenores tan profundamente grabados en mi memoria, que no pude menos de atribuir esa persistencia a las cualidades especiales y sugestivas de su fisonomía, y creí, por lo mismo, que valían la pena de no quedar reservados para mí solo. Por mucha sorpresa que pueda causar la comunicación de tales recuerdos al lado de estas graves consideraciones preliminares, creo que el lector atento no descubrirá verdadera contradicción, sino que, antes bien, concluirá al fin de esta reseña que, para juzgar a Spontini desde un punto de vista serio y elevado, no necesitaba yo el estímulo de la noticia de su muerte.

III

En el otoño de 1844 decidimos poner en escena *La Vestal,* con el mayor esmero, en el teatro Real de Dresde. Prometiéndonos una interpretación casi excelente, gracias al concurso de la señora Schroeder-Devrient; sugerí al director, señor de Lüttichau, la idea de invitar a Spontini a dirigir en persona su obra, tan justamente celebrada. El maestro acababa de sufrir grandes humillaciones en Berlín e iba a alejarse de allí para siempre: las circunstancias eran, pues, a propósito para atestiguarle un interés tan expresivo.

Hízose así; en mi calidad de director de orquesta, fui el encargado de entenderme con el maestro sobre el particular. La carta que le dirigí, aun cuando no confié a nadie el cuidado de redactarla en francés, parece que le dio muy buena opinión de mi celo, porque en una epístola absolutamente majestuosa, tuvo a bien expresarme sus deseos particulares a propósito de los preparativos de la solemnidad.

En lo relativo a los cantantes, desde el momento en que figuraba entre ellos una Schroeder-Devrient, se declaraba francamente tranquilizado; respecto a coros y bailables, suponía que no se economizaría nada para presentar la obra de una manera digna; suponía también que la orquesta le satisfaría plenamente; no dudaba que encerraría el número requerido de instrumentos excelentes, con doce buenos contrabajos.

Este aditamento me consternó, porque por esa sola cifra me figuré de qué tenor serían las demás previsiones del maestro; corrí, pues, a advertir al Sr. de Lüttichau que el asunto iniciado no terminaría tan fácilmente. La señora Schroeder-Devrient supo nuestros apuros, y conociendo bien a Spontini, se echó a reír como una loca de la imprudencia que habíamos cometido, dirigiendo esa invitación; pero, como medida salvadora, nos propuso utilizar una ligera indisposición suya para dar largas al asunto.

Por fortuna, Spontini instaba a que se apresurase la ejecución del proyecto, porque se aguardaba su llegada a París con la más viva impaciencia, y tenía poco tiempo que consagrarnos. Ese fue mi asidero para urdir la trama inocente con que pretendía disuadir al maestro de aceptar definitivamente la invitación.

Respiramos al fin, y proseguimos los estudios.

Habíamos llegado sin entorpecimientos a la víspera del ensayo general, cuando hacia el medio día para un coche a mi puerta y hete aquí al maestro, envuelto arrogantemente en una larga hopalanda azul. Él, que por lo común no andaba nunca sino con la solemnidad de un grande de España, entonces andaba precipitadamente. Sin aguardar a que nadie lo guiase, se va derecho a mi cuarto, me pone ante los ojos mis cartas, y me demuestra que, según esa correspondencia, no ha declinado ni remotamente la invitación, ni hecho otra cosa que diferir con toda sinceridad a nuestros deseos.

Olvidando todos los contratiempos que podían preverse, me entregué a la alegría verdaderamente cordial de ver de cerca al personaje asombroso, y oír su obra bajo su dirección; inmediatamente me propuse arreglarlo todo para que quedase satisfecho, y se lo declaré así con el acento del más vivo interés, a lo cual sonrió de una manera benévola, casi infantil. Y a fin de desvanecer todo recelo sobre mi sinceridad, le propuse que dirigiese él mismo, sin más espera, el ensayo señalado para el día siguiente; pero entonces cambió de expresión de pronto, como si pensara que se iban a oponer dificultades a varias de sus exigencias. Aunque muy agitado, no se explicaba claramente sobre nada, hasta el punto de costarme lo indecible averiguar qué medidas debería tomar yo para decidirlo a encargarse de esa tarea. En fin, después de algunas vacilaciones, acabó por preguntarme qué clase de batuta usábamos. Le indiqué aproximadamente las dimensiones de una varita de madera ordinaria, que se forraba de papel blanco, y que el mozo de orquesta se cuidaba de renovar siempre.

Suspiró, y me preguntó si creía posible mandarle hacer de allí al día siguiente una batuta de ébano de un largo y de un grueso bien visibles (me los indicaba con el brazo y la palma de la mano), y con remates de marfil bastante voluminosos.

Le prometí que para el próximo ensayo habría ya una batuta de aspecto enteramente semejante a la que deseaba, y añadí que para la función tendría otra, hecha según su fórmula, con los materiales prescritos.

Se tranquilizó de una manera pasmosa, se pasó la mano por la frente, me autorizó para anunciar que se encargaba de dirigir al siguiente día, y se volvió a su hotel, no sin inculcarme de nuevo sus instrucciones meticulosas a propósito de la batuta...

Yo no sabía bien si soñaba o estaba despierto; con la impetuosidad del huracán corrí a difundir la alarma, y a poner a las gentes al corriente de lo que acababa de suceder, y de lo que nos había caído encima: estábamos cogidos.

La señora Schroeder-Devrient se ofreció a interponer sus buenos oficios, y yo celebré una conferencia minuciosa con el carpintero del teatro acerca de la batuta. La cosa salió a maravilla: el instrumento poseía las dimensiones deseadas, su color semejaba el ébano, y tenía dos gruesos remates blancos.

Se trataba ahora de proceder al ensayo general.

Apenas estuvo en el sillón, fue evidente que Spontini se encontraba violento; quería ante todo que los oboes se hallasen colocados detrás de él, Como ese simple cambio en la disposición de la orquesta hubiese ocasionado entonces un gran trastorno, le prometí que se arreglaría después del ensayo. Sin responder nada cogió la batuta.

En seguida comprendí por qué concedía tanta importancia a su forma y a sus dimensiones. Efectivamente: en vez de cogerla por uno de los extremos como hacemos los directores de orquesta, la empuñó casi por en medio, y la blandió de tal modo, que se vio bien su intento de emplearla, no para marcar la medida, sino como un bastón de mando. Pero a poco, en el curso de las primeras escenas, se produjo una confusión, tanto más difícil de deshacer cuanto que el alemán impropio en que el maestro hablaba a la orquesta y a los cantantes era un gran obstáculo para la inteligencia. No tardamos en comprender cuál era su preocupación dominante: alejar de nosotros la idea de que aquello fuese un ensayo general, porque él se proponía resueltamente que empezaran de nuevo los estudios de la ópera.

Grande fue el desencanto de Fischer mi viejo maestro de coros. En un principio habíase asociado con mucho entusiasmo a nuestros esfuerzos por llevar a Spontini a Dresde; pero, cuando vio venir ese desarreglo del programa, su despecho acabó por convertirse en furor: ciego de rabia, en cuanto Spontini abría la boca, se figuraba que era para tomarla con él, y le replicaba sin empacho en el alemán más grosero.

Una vez, al fin de un trozo de conjunto, Spontini me hizo señas para que me acercase, y me dijo al oído: «¿Sabe Vd. que sus, coros no cantan mal?» Fischer, que observaba con desconfianza, me preguntó furioso: «¿Qué tiene que pedir ese viejo todavía.?» Me costó algún esfuerzo calmar a medias al entusiasta, cambiado tan de pronto.

Lo que más nos detuvo en el primer acto fue el desfile de la marcha triunfal; el maestro se deshacía en anatemas contra la actitud indiferente del pueblo durante la procesión de las Vestales; indudablemente no había advertido que todo el mundo se arrodillaba a la aparición de las sacerdotisas, según las instrucciones del director de escena; porque todo lo que no tenía encima de los ojos no existía para él, afectado como estaba de una excesiva miopía. Reclamaba también que el respeto religioso del ejército se tradujese muy enérgicamente, postrándose los soldados con la faz en tierra, y golpeando el suelo con las lanzas, todos a una. Hubo que repetirlo un número incalculable de veces; pero siempre se oía el choque de algunas lanzas rezagadas o anticipadas. El mismo maestro ejecutaba la maniobra en su atril con la famosa batuta ¡trabajo perdido! el golpe carecía siempre de decisión y de energía. Yo recordé entonces la notable precisión, el efecto casi espantoso, con que se habían ejecutado evoluciones análogas en *Hernán Cortés,* obra que vi representar en Berlín, y la viva impresión que me produjeron. Comprendí bien que, para combatir la flojedad corriente entre nosotros en esa clase de maniobras, se necesitaría un gran consumo de tiempo y de trabajo, antes de satisfacer al maestro, muy consentido siempre hasta allí en ese linaje de exigencias. Después del primer acto, Spontini en persona subió a la escena, y, suponiéndose rodeado de los artistas del teatro Real de Dresde, empezó a puntualizar los motivos que le obligaban a insistir en un aplazamiento considerable de la representación, a fin de ganar el tiempo preciso para los ensayos más diversos, y preparar así una interpretación conforme a sus ideas. Pero todo el personal estaba ya en plena dispersión; cantantes y director de escena se habían eclipsado con la rapidez del huracán, desbandándose en todas direcciones, para desahogarse a su guisa sobre aquella situación calamitosa. Solo los maquinistas, los gasistas y algunos coristas formaban semicírculo alrededor de Spontini, flechando los ojos en aquel hombre singular, mientras él peroraba acaloradamente sobre las exigencias del verdadero arte dramático.

Esa escena deplorable atrajo mi atención. Con palabras deferentes y amistosas hice comprender a Spontini que se acaloraba inútilmente; le di la seguridad de que se cumplirían todos sus deseos, y se mandaría llamar al Sr. Devrient, que conservaba aún en la memoria los menores detalles de la representación de *La Vestal* en Berlín, para que adiestrase a los coristas y comparsas. Así logré arrancar al maestro de la situación ridícula en que lo encontré, con gran sentimiento mío. Con esa promesa se calmó, y trazamos juntos un plan de estudios conforme a sus aspiraciones.

Realmente yo fui el único que no puse mala cara al nuevo sesgo que tomaban las cosas: es que, en medio de aquellas maneras que lindaban frecuentemente con lo burlesco, en medio de aquellas alteraciones extravagantes cuya explicación descubría poco a poco, notaba la energía poco común que desplegaba Spontini para perseguir y mantener un objetivo del arte dramático casi olvidado en nuestra época.

Volvimos a emprender nuestros estudios con un ensayo al piano para que el maestro pudiese comunicar a los artistas sus intenciones especiales. En el fondo no aprendimos entonces mucho de nuevo; él se fijaba, más que en las observaciones de detalle sobre la interpretación, en la concepción general de la obra. Observé su arraigada costumbre de tratar sin contemplaciones a los cantantes célebres, como la señora Schroeder-Devrient y Tichatschek. Prohibió a este último emplear la palabra *Braut*, que usaba Licinio en el texto alemán dirigiéndose a Julia; esa voz le rajaba los oídos; no comprendía que se pudiese poner en música un sonido tan vulgar.

En cuanto al artista, de menos facultades y cultura, que representaba el sumo sacerdote, el maestro le dio una lección circunstanciada sobre la manera de entender el personaje, de la cual debía deducir el carácter de su recitado dialogado con el arúspice; le demostró que, según ese pasaje, el conjunto del papel descansaba en la arteria sacerdotal y en los cálculos para sacar partido de la superstición. El pontífice debía dejar comprender que no temía a su adversario, aun cuando se hallase en el pináculo del poder militar de Roma; que estaba preparado a las peores eventualidades; y que, merced a los recursos que poseía, si las cosas no tomaban otro giro, podría producir a su antojo el milagro que debía volver a encender el fuego sagrado de Vesta, salvando así la influencia sacerdotal, aun en el supuesto de que Julia se librase de la inmolación.

Con motivo de una conversación sobre la orquesta, rogué a Spontini me explicase por qué él que había empleado tan vigorosamente los trombones en el curso de la partitura, les hacía guardar silencio precisamente durante la soberbia marcha triunfal del primer acto.

— «¿Es que no tengo allí trombones?» — me respondió muy sorprendido.

Por toda respuesta le enseñé la partitura grabada. En seguida me suplicó que añadiese a esa marcha, partes de trombones, para que se ejecutasen ya en el próximo ensayo hasta donde fuera posible. Añadió: — «En su *Rienzi* he oído un instrumento que llama Vd. tuba baja; no quiero que falte ese instrumento en la orquesta; hágame usted una parte para *La Vestal*.»

Tuve un placer en satisfacer con discreción el deseo del maestro. Cuando en el ensayo oyó por primera vez el efecto de los instrumentos añadidos, me lanzó una mirada de gratitud verdaderamente afectuosa. La impresión que conservó de ese fácil enriquecimiento de su partitura fue tan persistente, que más tarde me escribió una carta desde París suplicándome le enviase ese suplemento instrumental de mi cosecha; pero, como su orgullo no le permitía convenir en que solicitaba una cosa de que yo fuese autor, expresó en esta forma su deseo: «Envíeme *Vd.* la parte de los trombones para la marcha triunfal y la de la *tuba baja, tal y como se ejecutó bajo mi dirección en Dresde.*»

Di al maestro nuevas pruebas de mi devoción personal, modificando completamente, según sus ideas, la colocación de los instrumentos. Esas ideas respondían más que a un sistema a hábitos añejos; y cuando el maestro tuvo a bien explicarme su modo de dirigir la orquesta, vi claro como la luz lo que importaba no contrarrestar sus manías.

—«Yo -me dijo en propias palabras- dirijo simplemente con los ojos: ojo izquierdo, primeros violines; ojo derecho, segundos violines. Ahora bien: para obrar con la mirada, hay que dejarse de anteojos, aun en el caso de miopía, y eso es lo que ignoran tantos malos medidores de compás. Por mi parte -me confesó- no veo más allá de mis narices, y, sin embargo, a una ojeada mía todo sale a pedir de boca.»

En su manera de distribuir la orquesta había a la verdad más de un pormenor ilógico, debido únicamente a sus manías; v. gr., su costumbre de colocar los oboes detrás de él, costumbre que traía de una orquesta de París, donde, por circunstancias especiales, había habido que arreglar de esa suerte las cosas. Los dos instrumentistas se veían, pues, obligados a volver el orificio de los instrumentos en sentido contrario al público, y uno de ellos se sintió tanto de esa exigencia, que no logré apaciguarlo sino reduciendo el asunto a broma.

Pero, aparte de esas ligeras extravagancias, la práctica seguida por Spontini en la disposición de la orquesta descansaba en un principio muy justo, que desgraciadamente desconocen aún de una manera absoluta la mayoría de las orquestas alemanas: según ese principio, la cuerda se distribuye uniformemente en toda la orquesta; el metal y la percusión, que, concentrados en un mismo punto, predominan y aplastan a la masa instrumental, se dividen y reparten a los dos lados; los demás instrumentos de viento, cuyo timbre más suave se asocia mejor al de las cuerdas, se colocan en su inmediación, a una distancia conveniente, y sirven de lazo entre las mismas.

Contra este sistema, todavía está en vigor en las orquestas más numerosas y renombradas la división de la masa instrumental en dos grupos, cuerda y viento: práctica que denota una verdadera ordinariez de gusto, una verdadera indiferencia hacia la belleza de una sonoridad orquestal íntimamente fundida y perfectamente homogénea.

Por mi parte, me felicité de la ocasión que se me ofrecía de introducir en el teatro de Dresde una innovación tan feliz; porque, gracias a la iniciativa de Spontini, no había ya dificultades en obtener del Rey una orden manteniendo la nueva disposición. No faltaba más que aguardar la partida del maestro para corregir algunos errores accidentales, modificar ciertas rarezas de detalle de su agrupación, y conseguir así para lo sucesivo una disposición de la orquesta completamente satisfactoria.

A pesar de todas las singularidades que se advirtieron en la dirección de Spontini durante los ensayos, aquel hombre extraordinario no dejó de fascinar a músicos y cantantes, hasta el punto de que se esmeraron en su interpretación con inusitado celo. Una de las circunstancias más notables de su dirección fue la energía con que insistía en que se hiciesen resaltar los acentos rítmicos, y hasta en que se exagerasen muchas veces; al efecto, en la orquesta de Berlín había adquirido la costumbre de designar la nota que debía acentuarse con la palabra *diese* (esta), cuyo sentido no comprendí al pronto. Ese procedimiento regocijó a Tichatschek, naturaleza de cantante prendada del ritmo; también él, en las entradas importantes del coro, solía inflamar el celo de los coristas mediante la precisión del ataque, afirmando que bastaba dar a la parte fuerte el relieve debido, para que el resto marchase por sí solo.

Así se difundía poco a poco por todo el personal un espíritu de simpatía y de condescendencia hacia los deseos de Spontini. Los *violas* fueron los únicos que no le perdonaron en mucho tiempo un susto que les dio. Sucedió que en el final del segundo acto la ejecución de su parte, que acompaña con un suave estremecimiento la lúgubre cantinela de Julia, no respondió a la intención del maestro; por lo cual, volviéndose de repente, les gritó con voz cavernosa, sepulcral: «¡Muertas las violas!» A ese apóstrofe los dos pálidos viejos, hipocondríacos incurables que con gran disgusto mío se habían obstinado hasta entonces en aferrarse al primer atril, aun cuando tuviesen la expectativa de su retiro, dirigieron miradas extraviadas a Spontini con el espanto de gentes que acaban de oír una amenaza... Pasé todos los trabajos del mundo para restituirlos progresivamente a la vida y procuré explicarles lo que quería Spontini, absteniéndome de expresiones melodramáticas y de imágenes de efecto.

Mientras esto pasaba en la orquesta, el Sr. Devrient se ocupaba de la escena, consiguiendo poco a poco restablecer la disciplina y obtener efectos sorprendentes. Él también supo sacarnos de apuros, satisfaciendo las exigencias de Spontini, que nos había puesto a todos en gran aprieto.

Adoptando el corte que se hace por todas partes en Alemania, habíamos resuelto terminar la ópera con el dúo apasionado que cantan Lucinio y Julia, acompañados por el coro, después de la liberación. Pero el maestro insistió en que siguiese al dúo la conclusión original con baile y coro de alegría, según la antigua tradición de la *ópera seria* francesa. Le repugnaba hasta lo sumo ver extinguirse miserablemente su brillante partitura en un lugar de suplicio. Quería a todo trance un cambio de decoración, un nuevo cuadro que representase el bosquecillo de rosas de Venus en el seno de la más viva luz; allí, entre bailes alegres y cantos de regocijo, la pareja, libre de pruebas, sería conducida al altar nupcial por un gracioso cortejo de sacerdotes y sacerdotisas de Venus, adornados de rosas.

Así se hizo, aunque la adición distase mucho desgraciadamente de favorecer el éxito que tan vivamente anhelábamos.

La representación marchó con gran precisión, y estuvo animada por el más hermoso celo; pero en cuanto al desempeño
del papel principal, saltó a los ojos de todos un inconveniente,
en que ninguno había reparado antes. Evidentemente nuestra
gran Schroeder-Devrient no estaba ya en edad de representar
a Julia; tenía en todo un aire de matrona, poco en armonía
con la calificación del libreto, la más joven de las Vestales.
Esa discordancia resaltaba especialmente al lado de una gran
Vestal como la de la interpretación de Dresde. Desempeñaba
ese papel mi sobrina Juana Wagner, entonces de diez y siete
años: el brillo de su belleza virginal era tan extraordinario, que
no podía disimularlo ningún artificio; además el encanto irre-
sistible de su voz y sus felices disposiciones para la gran dicción
dramática, inspiraban a todos los concurrentes el involuntario
deseo de verle cambiar su papel por el de la gran trágica.

Esa comparación desfavorable no podía ocultarse a la pers-
picacia de la señora Devrient; en su consecuencia, pareció
creerse obligada a mantenerse victoriosamente en su difícil
posición, haciendo un llamamiento supremo a todos los
recursos de su talento. Ese sentimiento la impulsó a exagerar
algunas veces, y hasta a caer en una falta de mal gusto en un
pasaje importante.

Después del gran trío del tercer acto, Julia, en el momento
en qué su amante ha encontrado la salvación en la huida,

vuelve desfallecida, moribunda, hacia el proscenio, dejando salir esta exclamación de su alma oprimida: «¡Está salvado ...» La señora Schroeder *habló* estas palabras, en vez de cantarlas.

Ya en *Fidelio* había visto más de una vez los poderosos transportes que excitaba en el público, cuando en el exceso de la pasión profería una frase decisiva en un tono próximo al puro acento hablado: en la frase «un paso más, y eres muerto», pronunciaba así la palabra *muerto,* en vez de cantarla.

Yo, por mi parte, había experimentado ese efecto sorprendente: me sentía sobrecogido de un terror prodigioso, como si me precipitasen bruscamente con un hachazo desde las alturas de la esfera ideal a que la música eleva aun las situaciones más horribles, al suelo desnudo de la realidad más espantosa. Era cómo una revelación directa de los límites extremos de lo sublime; al recordar esa impresión, no puedo hacer más que compararla a un relámpago que iluminase de pronto dos mundos absolutamente diferentes en el momento mismo de tocarse para volverse a separar en absoluto; y eso de tal manera, que en tan breve momento se creyese abrazar realmente el uno y el otro de una sola ojeada.

Pero ¡qué difícil sorprender ese rápido instante! ¡Qué peligroso jugar con ese elemento, ese temible elemento, y trata de apropiarlo a un objeto personal! Lo vi patentemente entonces, porque el intento de la gran artista fracasó por completo. Al oír aquella exclamación penosamente proferida con una voz sorda y ronca, creí recibir, como todo el público, una ducha de agua fría, porque allí no se vio nada sino un efecto teatral fallido.

¿Debe pensarse que se sobreexcitó demasiado la expectación del público, encima de obligarle a pagar doble por el goce de ver a Spontini dirigiendo la orquesta? ¿Hay que creer que el estilo general de la obra, con su asunto antiguo afrancesado, pareció algo fuera de moda a despecho de los esplendores y de la belleza de la música? ¿O ha de pensarse, en fin, que perjudicó la languidez del desenlace, del mismo modo que los efectos dramáticos de la señora Devrient?... Sea como quiera, los sentimientos del público no pudieron llegar al verdadero entusiasmo; los aplausos bastante tibios con que acabó la velada parecieron un simple testimonio de consideración a la reputación universal del maestro; así es que no pude desechar un sentimiento penoso al verle adelantarse al proscenio cargado con todas sus condecoraciones, y responder con saludos de gratitud a la llamada poco calurosa del público después de la caída del telón.

Nadie se hizo menos ilusiones que él en punto a esa acogida tan poco animadora. Decidió probar mejor fortuna, y recurrió al medio que solía emplear en Berlín para tener un lleno y un público entusiasta. Habiendo aprendido por experiencia que las dos cosas se reunían los domingos, hacía de modo que sus óperas se, representasen en ese día. Nos ofreció, pues, volver a dirigir su *Vestal* el domingo siguiente.

Esa prolongación de su estancia nos proporcionó el placer de disfrutar por más tiempo de su interesante compañía. Yo he conservado fielmente el recuerdo de las largas horas que pasé con Spontini, ya en casa de la señora Devrient, ya en la mía, y trasladaré con gusto algunos.

Me acuerdo sobre todo de una comida en casa de la señora Devrient. Spontini fue con su mujer, una hermana de Erard, el célebre fabricante de pianos, y tuvimos una conversación muy larga y muy animada.

Generalmente no tomaba parte en las conversaciones sino prestando a ellas una atención tranquila y digna con la actitud de quien espera que se pida su parecer. Cuando se dignaba tomar la palabra, lo hacía en tono pomposo, en frases absolutas y categóricas y con inflexiones sentenciosas, que excluían toda idea de contradicción como una falta grave. Pero después de la comida, cuando nos juntamos, se abandonó y animó más. Ya he dicho que me demostraba todo el afecto compatible con su naturaleza; así, pues, me declaró sin rodeos que sentía amistad hacia mí, y que quería probármela poniéndome en guardia contra la idea funesta de seguir mi carrera de compositor dramático. Comprendía de sobra -añadió- que le costaría trabajo convencerme del valor de ese consejo de amigo; pero miraba como un deber tan indispensable preocuparse de esa suerte de mi felicidad, que, a trueque de conseguirlo, se resignaría a permanecer seis meses en Dresde; al paso se podrían preparar bajo su dirección sus otras óperas, especialmente *Inés de Hohenstaufen.*

Para que me penetrase mejor de lo peligroso que era aventurarse en la carrera dramática después de Spontini, empezó por dirigirme un elogio singular. He aquí sus palabras: «Cuando oí su *Rienzi* de Vd., me dije: es un hombre de genio, pero ha hecho ya más de lo que puede hacer.» Y para explicarme esa paradoja, se remontó al pasado en estos términos: «Después de Glück, yo soy el que he hecho la gran revolución con la *Vestal;* he introducido la prolongación de la sexta en la armonía y el bombo en la orquesta; con *Hernán Cortés* di un paso más hacia adelante; luego avancé tres con *Olimpia; Nurmahal, Alcidor* y todo lo que hice en los primeros tiempos de Berlín se lo regalo a Vd.: eran obras ocasionales; pero después he dado cien pasos con *Inés de Hohenstaufen,* donde ideé un empleo de la orquesta que reemplaza perfectamente al órgano.»

Añadía que desde esa época se había ocupado de un nuevo asunto, *Los Atenienses;* que el príncipe heredero, a la sazón rey de Prusia, le había instado vivamente a acabar esa obra... Y helo aquí sacando de su cartera en apoyo algunas cartas de dicho monarca para que las leyesemos. Así que cumplimos concienzudamente esa tarea, declaró que, a pesar de tan lisonjeras instancias, había renunciado definitivamente a tratar en música aquel asunto, aun cuando le parecía excelente, Porque estaba convencido de no poder

superar a su *Inés de Hohenstaufen y llegar a* inventar nada
nuevo. Concluyó así:

«¿Cómo quiere Vd., pues, que haya nadie que pueda
inventar algo nuevo, cuando yo, Spontini, declaro que no
puedo de ninguna manera superar a mis obras precedentes,
y cuando sé, por otra parte, que después de *La Vestal* no se
ha escrito una nota que no fuese robada de mis partituras?»

Para demostrarnos que esa acusación de plagio no era simplemente una frase lanzada al vuelo, sino que descansaba en
hechos científicamente comprobados, invocó el testimonio
de su mujer. Ella había tenido a la vista, como él mismo,
una voluminosa disertación sobre el particular, escrita por
uno de los miembros más ilustres de la Academia francesa;
en esa Memoria, que por motivos particulares no había sido
entregada a la publicidad, se probaba clarísima y conclu-
yentemente que, sin la prolongación de la sexta, inventada
por Spontini y practicada en la *Vestal,* no existiría nada de
la melodía moderna, y que todas las fórmulas melódicas
empleadas después estaban tomadas para y simplemente de
sus composiciones.

Yo no volvía de mi asombro; pero concebí, sin embargo,
la esperanza de atraer al inflexible maestro a apreciaciones
menos severas, siquiera en lo tocante a los progresos que
le estaban reservados realizar a él mismo. Admitiendo con
él que las cosas eran realmente como había demostrado el
académico, me arriesgué a preguntarle si no se sentiría esti-

mulado a buscar nuevas formas musicales, en el caso de que
se le presentara un libreto de una tendencia poética que no
hubiese abordado aún.

Mirándome con una sonrisa de compasión, me hizo
advertir que había un error en mi misma pregunta: ¿Dónde
encontrar ese elemento nuevo? «En *La Vestal* -dijo- he compuesto un asunto romano; en *Hernán Cortés,* un asunto
español-mejicano; en Olimpia, un asunto greco-macedonio;
y, en fin, en *Inés de Hohenstaufen,* un asunto alemán; todo
lo demás no vale nada.» Por supuesto, daba de barato que,
al hablarle de una obra de tendencias nuevas, no pensaría
en el llamado género romántico a lo *Freischütz:* semejantes
puerilidades eran indignas de ocupar a un hombre serio; el
arte, efectivamente, era cosa seria, y todo lo serio lo había
agotado él. ¿De qué país, en suma, saldría el compositor
capaz de superarlo? No había peligro de que ese fénix viniera
de los italianos -á quienes trataba simplemente de *cochinos-*
ni de los franceses, que se limitaban a imitar a los italianos,
ni de los alemanes, que no podían sustraerse a sus idealismos
pueriles, y cuyas buenas disposiciones, si alguna vez las tuvieron, se habían echado a perder completamente con el influjo
de los judíos. «¡Oh, créame usted! Había esperanza para
Alemania, cuando yo era emperador de la música en Berlín;
pero desde que el rey de Prusia ha entregado su música al
desorden ocasionado por los dos judíos errantes, que ha traí-
do, se ha perdido toda esperanza.» Llegados a este punto de

la conversación, nuestra amable anfitriona creyó conveniente variar de tema, vista la gran sobreexcitación del maestro. El teatro estaba a dos pasos de su casa; como aquella noche la representaba precisamente la *Antígona,* animó a Spontini a que fuese allá con uno de los invitados, asegurándole que le interesaría mucho el arreglo de la escena, dispuesta excelentemente a la manera antigua, según los planos de Semper. Se negó al pronto, diciendo que ya sabía lo que era eso desde su *Olimpia, y* en condiciones mucho mejores. Consiguiose decidirlo, sin embargo; pero no fue larga su ausencia: volvió sonriendo desdeñosamente, y declaró que había visto y oído más de lo que necesitaba para confirmarse en su opinión.

El amigo que lo acompañaba nos contó después que, apenas entró con Spontini en la tribuna casi vacía del anfiteatro, el maestro, desde el principio del coro de Baco, se volvió hacia él: «¿Esto es la *Berliner Sing-Acadernie*? Vámonos.» Y diciendo y haciendo, entreabrió la puerta. Cayó un rayo de luz sobre una sombra que no habían notado antes, y que se ocultaba solitaria detrás de una columna; nuestro amigo reconoció a Mendelssohn, y coligió que habría oído perfectamente la frase de Spontini.

En los días siguientes descubrimos a través de las expresiones exaltadas del maestro su propósito decidido de que lo invitásemos a prolongar su estancia en Dresde para representar la serie de sus óperas. Pero la señora Schroeder-Devrient, en interés mismo de Spontini, pensaba impedir la segunda representación de *La Vestal,* por lo menos mientras él estuviese allí; quería evitarle el cruel desencanto de ver frustradas las esperanzas que apasionadamente concebía. Pretextó una nueva indisposición, y yo recibí el encargo de participar al maestro que era de prever un aplazamiento indefinido. La misión me era tan penosa, que me alegré mucho de ir acompañado de Röckel, nuestro director de música. Röckel se había captado también el aprecio de Spontini, y hablaba el francés con mucha más facilidad que yo.

Entramos en casa del maestro con verdadera ansiedad; nos esperábamos una mala acogida. Así, ¿cuál no fue nuestro asombro al verlo, prevenido ya oportunísimamente por una carta de la señora Devrient, acercarse a nosotros con cara risueña? Nos dijo que tenía que marchar lo más pronto posible a París, desde donde pensaba trasladarse inmediatamente a Roma, llamado por el Santo Padre, que acababa de conferirle el título de *Conde de Sant Andrea.* A la vez nos enseñó un segundo documento, por el cual el rey de Dinamarca acababa de darle despachos de nobleza. En realidad se trataba del diploma de caballero de la orden del Elefante, diploma que confiere en efecto la dignidad nobiliaria; pero Spontini no se refería a la condecoración, cosa de poco precio a sus ojos; lo que él citaba con orgullo era ese título aristocrático, que lo halagaba hasta el punto de desbordarse en transportes de una alegría infantil. Desde el estrecho círculo de los trabajos de *La Vestal* en Dresde se veía elevado, como por arte de encantamiento, a una esfera de gloria desde cuyas alturas contemplaba este mundo y sus miserias de ópera con angélica beatitud.

Ya se comprende que Röckel y yo bendijimos desde el fondo del alma al Padre Santo y al rey de Dinamarca. Nos despedimos, no sin emoción, de aquel hombre original, y para colmar su júbilo, le prometí meditar detenidamente sus benévolos consejos acerca de la carrera de compositor dramático.

No debía volver a verlo. Más adelante Berlioz me participó la muerte del maestro, a quien él había asistido fielmente en su agonía. Me dijo que, al acercarse su fin, Spontini se sublevó con todas sus fuerzas contra ese trance extremo, exclamando varias veces:

«¡Yo no quiero morirme, no quiero morirme!» Berlioz le respondió a guisa de consuelo: «¿Cómo puede usted pensar en morir, maestro, Vd. que es inmortal?» -«¡Déjese Vd. de frases!»- le replicó el viejo encolerizado.

Recibí en Zurich la noticia de esa pérdida, que me impresionó profundamente a despecho de los singulares recuerdos de Dresde. Escribí en la *Gaceta federal* un artículo en que exponía en términos concisos mi manera de ver sobre Spontini procurando hacer resaltar este punto: Spontini, al contrario de Meyerbeer, que dicta actualmente la ley en el mundo musical, y de Rossini, cuya vejez se prolonga todavía, se distinguió por una fe en su arte y en su propio genio. Que esa fe hubiese degenerado en una superstición extravagante, aunque tuve la pena de comprobarlo, me faltó valor para decirlo.

No recuerdo que en Dresde llegase a reflexionar más a fondo sobre las impresiones extraordinariamente singulares que me causó mi curioso encuentro con Spontini, ni que me tomase el trabajo de armonizarlas con la alta estima que sentía hacia ese gran maestro, y que, en resumen, no hizo más que acrecentarse. Yo no vi evidentemente más que su cargo; en cuanto a las prendas de su carácter como hombre, con la edad y con la prodigiosa exageración de la conciencia que tenía de su valer, habían degenerado en una caricatura. No me asombré menos del influjo que ejerció sobre Spontini la absoluta decadencia de la música dramática durante el periodo en que se le vio envejecer en Berlín en una situación equívoca y estéril. El hecho de cifrar su gloria principalmente en pormenores secundarios solo prueba que sus facultades habían vuelto a la infancia; pero eso no podía rebajar a mis ojos el valor excepcional de sus obras, por excesiva que fuese la opinión que tenía de sí. Iré más lejos: si su orgullo había crecido tan desmedidamente, ¿no era por la comparación de su propio mérito con el de los músicos célebres que entonces lo suplantaban? Yo hacía esa comparación por mi parte, y no contribuía poco a justificar a mis ojos al viejo maestro. Al ver el escaso aprecio que hacía de esos príncipes del arte musical, no se me ocultaba que en el fondo de mi corazón estaba mucho más de acuerdo con él de lo que me hubiese atrevido a confesar por el momento. De donde resulta este hecho extraño: que aquella visita a Dresde, por mucho que la deslucieran circunstancias ridículas casi únicas, me llenó el corazón de una profunda simpatía, mezclada de una especie de terror, hacia aquel hombre a quien nunca he encontrado semejante.

V Carta sobre el *Tannhäuser*

París, 27 de marzo de 1861

Prometí a ustedes noticias circunstanciadas sobre todo lo relativo al *Tannhäuser*. Ha llegado la hora de cumplir mi promesa, y lo hago con tanto mayor gusto cuanto que el asunto ha tomado un sesgo franco, y ahora puedo verlo desde lo alto, abarcar todos sus pormenores, y hacer una reseña a sangre fría, como si hablase conmigo mismo. Para la mejor inteligencia, es menester que diga algunas palabras sobre los verdaderos motivos que me decidieron a venir a París con preferencia a ninguna otra parte. Empezaré, pues, por aquí.

Hace cerca de diez años me veía privado del placer animador de oír buenas ejecuciones de mis obras dramáticas, ni aun de tarde en tarde, y sentí finalmente la exigencia de un sitio donde poder disfrutar en un porvenir más o menos lejano esas emociones vivas de mi arte que se me habían hecho necesarias. Soñaba para eso con algún modesto rincón de Alemania. Ya el gran duque de Baden, con una amabilidad que agradecí mucho, me había concedido autorización para montar y dirigir mi última obra en el teatro de Karlsruhe; en su consecuencia, en el estío de 1859, le insté para que me permitiese convertir mi estancia en sus Estados, puramente temporal al principio, en una residencia definitiva; si no, no me quedaba más partido que ir a establecerme en París a la expresión de mi deseo se me respondió: ¡Imposible! En el otoño del mismo año me puse en camino para París. Tenía fijó el pensamiento en la representación de mi *Tristán*, para la cual esperaba ser llamado a Karlsruhe, el 3 de Diciembre; suponía que después de presidir personalmente la primera audición de mi ópera, podría dejarla pasar a los otros teatros alemanes, y me bastaba la perspectiva de hacer lo mismo en el porvenir con mis restantes obras. En esa hipótesis, París no tenía para mí otro interés que permitirme oír de vez en cuando un excelente cuarteto o una orquesta selecta, y poder remozarme así en ese comercio seguido con los órganos vivos de mi arte. Esos proyectos cayeron a tierra de un solo golpe con la noticia que recibí de Karlsruhe: se declaraba imposible la representación del *Tristán*. Las dificultades de mi situación me sugirieron la idea de contratar en París para la primavera próxima cantantes alemanes de talento y reputación probada, y organizar con su concurso en los Italianos esa ejecución modelo, que tanto deseaba, de mi nueva obra; mi pensamiento era invitar a tal representación a los directores de orquesta y de escena de los teatros alemanes en que era favorablemente conocido, a fin de alcanzar de ese modo el resultado que me prometía en Karlsruhe. Pero, como mis planes no podían prosperar sin una participación importante del público parisiense, tenía interés en que dicho público apreciase desde luego mi música, y a este propósito di los tres famosos conciertos en los Italianos. Aunque el éxito fue muy grande, así en lo que toca a la acogida como a la concurrencia, no pude apresurar desgraciadamente la realización del designio principal que había concebido, porque en aquella misma ocasión resultaron patentes las dificultades de tal empresa, sin hablar de la imposibilidad de reunir en París entonces a los cantantes alemanes elegidos por mí; así que esas razones me obligaron a renunciar al proyecto.

Cuando se acumulaban tantos obstáculos en torno mío, y en el momento en que, devorado de preocupaciones, volvía de nuevo los ojos hacia Alemania, supe con gran sorpresa que mi situación había sido objeto de conversaciones y de recomendaciones calurosas en la corte de las Tullerías. Debí ese movimiento de simpatía tan extraordinario, a la iniciativa ignorada hasta entonces de algunos miembros de la legación alemana en París. Fueron tan afortunados sus esfuerzos que el Emperador, a instancias de una princesa alemana que gozaba de gran favor cerca de él, y que habló sobre todo de mi

Tannhäuser con el mayor encomio, dio inmediatamente la orden de preparar esa ópera a la Academia imperial de música. Sin negar el vivo placer que me causó ese inesperado testimonio del éxito de mis obras en círculos a que yo había permanecido tan extraño, confieso, no obstante, que no miraba sin grandes temores una representación del *Tannhäuser* en aquel teatro. ¿Quién sabía mejor que yo que ese gran teatro de ópera había renunciado desde hacía mucho tiempo a toda mira artística seria, que habían prevalecido en él exigencias muy ajenas a la música dramática, y que la ópera misma no servía ya más que de pretexto para el bailable? Declaro que, con ocasión de las reiteradas instancias que se me han dirigido en estos últimos años para que se representase una de mis obras en París, pensé mucho más que en lo que se llama la Gran Ópera en el Teatro lírico, más modesto, y, por consiguiente, más a propósito para un ensayo. Tenía dos razones principales: el público que da el tono en el Teatro lírico no es de una categoría particular, y, merced a la exigüidad de los recursos, el baile propiamente dicho no ha llegado a ser allí el eje de toda la máquina artística. Pero el director de ese teatro después de acariciar varias veces la idea de poner en escena el *Tannhäuser,* tuvo que desistir por falta de un tenor a la altura de las dificultades del papel principal.

No me había engañado: desde mi primera conferencia con el director de la Gran Ópera, lo primero de que se trató, la condición más esencial que había que satisfacer para el éxito de la obra, fue la adición de un bailable, y precisamente en el segundo acto. No tardé mucho en descubrir el verdadero motivo de semejante exigencia. En efecto: después de declarar que el segundo acto era cabalmente aquel cuya marcha no podía interrumpirse por un baile, desprovisto de toda razón de ser en aquel momento, añadí que, en cambio, en el primer acto, el punto en que empieza la acción, el coro voluptuoso de Venus, me parecía muy adecuado para motivar una escena coreográfica del más amplio carácter, tanto más, cuanto que en mi primera concepción había creído que se imponía la necesidad del baile en aquel mismo sitio. Hasta me seducía la idea de tener que colmar esa laguna evidente de mi primera partitura, y bosquejé un plan detallado con el cual adquiría una gran importancia esa escena del *Venusberg*. El director rechazó el plan enérgicamente, y me confesó sin artificios que no se trataba solo de tener un baile, sino de que se bailara hacia mitad de función: el baile es propiedad casi exclusiva de los abonados, y los abonados, que comen muy tarde, no entran en los palcos hasta entonces; un baile al principio de la noche no les serviría de nada, porque jamás asisten al primer acto. El ministro de Estado me reiteró después esas declaraciones y otras del mismo género. En resumen: se me afirmó tan categóricamente que toda probabilidad de éxito dependía del cumplimiento de tales condiciones, que me sentí inclinado a dar por terminada allí la empresa.

Pero, por más que pensase en volverme precipitadamente a Alemania, por más que cavilase ansiosamente dónde dirigirme para la ejecución de mis nuevas obras, al cabo tuve que reconocer la trascendencia de la orden imperial que ponía a mi disposición, sin condiciones ni reservas, toda esa gran institución de la Ópera, y me concedía cuantas contratas juzgase necesarias. Apenas formulaba el deseo de una adquisición, estaba satisfecho sin mirar a los gastos; en cuanto al aparato escénico, se procedía con una minuciosidad de que yo no tenía idea hasta entonces. En medio de circunstancias tan nuevas para mí, fue subyugándome más cada vez el pensamiento de gozar de una representación enteramente perfecta, casi ideal. La perspectiva de una ejecución semejante (cualquiera que sea la obra) es precisamente la que me ha perseguido durante mucho tiempo y preocupado de una manera seria, desde que me encuentro apartado de nuestro teatro de ópera; y he aquí que los medios de que no había podido disponer nunca, en ninguna parte, se encontraban ahora a mi disposición en París, de un modo inesperado, y en una época en que ningún esfuerzo hubiese podido procurarme en mi patria un favor que se acercase a éste ni aun de lejos. Lo confieso con franqueza: esa idea me comunicó un entusiasmo que no había sentido hacía mucho tiempo, y si a ella se asociaba alguna amargura, solo sirvió para exaltar ese entusiasmo. Pronto me poseyó un pensamiento único: la posibilidad de una representación perfectamente bella; y en medio de la preocupación constante de dar cuerpo a esa posibilidad, me negué a dejarme influir por ningún linaje de consideraciones; si logro realizar lo que creo posible -me dije- ¡qué importan el Jockey-Club y su baile!

Desde entonces no me cuidé más que de la interpretación. Según me declaró el director, no había tenor francés a quien encargar del papel de Tannhäuser Por lo que me habían referido de las brillantes dotes del joven cantante Niemann, lo propuse para el papel principal, aunque sin haberlo oído; pero la circunstancia de que poseía una buena pronunciación francesa, contribuyó a cerrar su contrata con honorarios muy elevados, después de una discusión minuciosísima. Se contrató a otros varios cantantes, especialmente al barítono Morelli, solo por el deseo que expresé de tenerlos como intérpretes. Preferí a algunos artistas de viso y ya en posesión del favor público en París, pero cuyos hábitos inveterados me contrariaban, artistas que estaban aún en sus comienzos, y que era de suponer se prestarían con más flexibilidad a las exigencias de mi estilo. Me sorprendió la atención escrupulosa que se concedía a los ensayos de canto al piano; es una cosa absolutamente desconocida entre nosotros; gracias a la viva inteligencia y al delicado sentimiento del «maestro de canto» Vauthrot, nuestros estudios dieron resultados inmediatos de una rara perfección. Me satisfizo mucho singularmente el ver la pronta inteligencia de los artistas franceses de la nueva generación para penetrarse del espíritu de sus papeles, y el celo y ardimiento con que cumplían su cometido.

Yo mismo volvía a tomar placer en mi antigua obra: revisé la partitura con el mayor esmero, rehice del todo la escena de Venus con el baile que la precede, y me esforcé en armonizar exactamente la parte cantada con la nueva letra francesa.

Hasta aquí había concentrado mi atención entera en la interpretación, y había dejado a un lado toda consideración extraña a este objeto; pero al fin acabé por advertir con pena que esa misma interpretación no se mantendría a la altura en que yo la soñaba. No es cosa fácil especificar exactamente los puntos en que debí abandonarme a mis decepciones; pero el inconveniente más sensible procedía del encargado del difícil papel principal: cuanto más nos acercábamos al día de la función, más crecía su desaliento; juzgose necesario que se pusiese en relación con los críticos y estos le predecían la caída irremisible de mi ópera. Las esperanzas favorables que alimenté durante los ensayos al piano fueron desvaneciéndose a medida que se acercaba la lectura a la orquesta. Vi que descendíamos al nivel de una representación vulgar de ópera, y que todos los esfuerzos que hiciesemos para superarlo serían estériles. Faltaba un elemento de éxito en que era natural que yo no pensase al pronto, y el único que hubiese podido dar el relieve apetecible a una representación de esa clase: la presencia de un artista de viso, ya adoptado y mimado por el público, en vez de la compañía, casi toda de simples principiantes, con que me presentaba a solicitar sus sufragios. En fin, me dolía sobre todo no haber conseguido que me cediese el puesto el director de orquesta, en cuyo caso hubiese podido ejercer un gran influjo sobre la interpretación; y lo que acababa de contristarme, lo que todavía a la hora presente pone el colmo a mi verdadera pena, es no haber logrado que defiriesen a mi deseo de retirar la partitura, es haber tenido que consentir con una triste resignación a que se ejecutase mi obra sin inspiración ni entusiasmo.

En cuanto a la manera como acogía el público mi ópera, me era casi indiferente en tales circunstancias; la más brillante acogida no hubiese podido decidirme a seguir una larga serie de representaciones, dado el poco placer que sentía.

En lo que toca a la naturaleza de esa acogida, me parece que hasta ahora los han tenido a ustedes deliberadamente en un error. Se engañarían de medio a medio si, en vista de sus anteriores noticias, formasen del público parisiense un juicio, lisonjero acaso para el público alemán, pero muy injusto de todas veras. Yo insisto, al contrario, en reconocer al público parisiense cualidades muy estimables, sobre todo una comprensión muy viva y un sentimiento de la justicia verdaderamente generoso.

He aquí un público (hablo de él considerado en su conjunto) para el cual soy desconocido del todo personalmente, un público a quien los periódicos, los charlatanes y los desocupados, cuentan de mi diariamente las cosas más absurdas, y a quien se previene en contra mía con una furia casi sin ejemplo. Pues bien: ver a tal público luchando por mí contra una fracción conjurada durante cuartos de hora seguidos y prodigándome los testimonios más tenaces de su aprobación, es un espectáculo de que debía holgarme por fuerza, así hubiese sido el hombre más indiferente del mundo.

Gracias a la extraña solicitud de los que disponen exclusivamente de las localidades en días de estreno, y que casi me habían negado un hueco para mis pocos amigos personales, veíase reunido aquella noche en la sala de la Gran Ópera un público cuyo cariz anunciaba a todo observador desapasionado una extrema prevención contra mi obra; agréguese a eso toda la prensa de París, invitada oficialmente en semejantes casos, y de cuya hostilidad podrán juzgar ustedes con solo leer sus reseñas. En tales condiciones, se me concederá que pueda permitirme pronunciar la palabra *victoria,* si afirmo sin la menor exageración que la ejecución mediana de mi obra hizo estallar aplausos más nutridos, más unánimes, que los que he recibido hasta el presente en Alemania.

Los críticos musicales de aquí en su mayoría, y aun puede decirse que todos ellos, eran los instigadores de la oposición, casi general al principio. Hasta el fin del segundo acto se habían esforzado en desviar la atención del público; entonces dejaron traslucir el temor de tener que asistir a un éxito completo y ruidoso del *Tannhäuser,* y en su vista recurrieron a una estratagema, que fue prorrumpir en risas bastante groseras después de aquellos pasajes sobre los cuales se habían puesto de acuerdo en los ensayos. De esa suerte, consiguieron disminuir la importancia de las manifestaciones que tuvieron efecto a la caída del telón. Esos señores habían advertido en todos los ensayos generales, a que yo no pude impedir que asistiesen, que el éxito propiamente dicho de mi ópera estribaba en el acto tercero. Una bellísima decoración de M. Despléchin, representando el valle al pie del Wartburg, a la luz de un crepúsculo de otoño, produjo ya en cuantos asistían a los ensayos generales, el encanto que debía preparar la disposición de espíritu necesaria, para la inteligencia de las escenas siguientes. Por parte de los artistas, esas escenas fueron la parte brillante de toda la interpretación. La ejecución musical y escénica del coro de los peregrinos, alcanzaba una belleza insuperable. Mlle. Sax, decía la plegaria de Isabel de un modo perfecto y con una expresión arrebatadora. Morelli suspiraba los pensamientos dirigidos al lucero de la tarde con una perfecta delicadeza elegiaca. Esa serie de números preparaba tan felizmente el relato de la peregrinación (la mejor parte de la interpretación de Niemann, la que siempre le ganó los más vivos sufragios), que hasta los más encarnizados enemigos de mi obra tuvieron que reconocer la importancia excepcional del éxito reservado a ese tercer acto; y contra ese acto precisamente dirigieron sus ataques los fautores del motín, intentando perturbar con ruidosas carcajadas, por los motivos más fútiles y pueriles, el recogimiento y la emoción contenida del público, en cuanto advertían esa disposición favorable y necesaria de los espectadores. Mis intérpretes no se dejaron desconcertar por esas demostraciones hostiles: el público se mantuvo firme también, y prestó una atención simpática a sus animosos esfuerzos, frecuentemente recompensados por aplausos calurosos, tanto que al final la oposición quedó completamente avasallada, por las llamadas vehementes a escena de los intérpretes.

La actitud del público en la segunda representación me probó que no me había engañado al considerar el éxito de la primera noche como una completa victoria; porque entonces se pudo ver de una manera decidida con qué género de oposición tenía que habérmelas en adelante. Quiero hablar del Jockey-Club de aquí, y puedo permitirme citarlo, toda vez que el mismo público, con sus gritos de «¡A la calle los Jockeys!» designó a mis principales adversarios en alta e inteligible voz. Los miembros de ese Club (ustedes me dispensarán ¿verdad? sí insisto demasiado sobre la legitimidad del derecho que creen poseer de reinar soberanamente en la Gran Ópera), los miembros de ese Club se habían sentido mucho por la supresión del baile habitual en el momento de su entrada, es decir, hacia la mitad de la representación. ¡Cuál no fue, pues, su asombro, al ver que el *Tannhäuser*, no solo no había fracasado en la primera representación, sino que en realidad había conseguido un triunfo! En adelante, corría de su cuenta arreglar las cosas de modo que no les hiciesen tragar todas las noches esa ópera sin baile; al efecto, hicieron buen acopio de silbatos de caza y otros instrumentos del mismo género, y apenas entraron en el teatro empezó la maniobra contra el *Tannhäuser.*

Hasta allí, es decir, durante el primer acto y hasta la mitad del segundo, no se hubiese podido sorprender el menor asomo de oposición; aplausos sostenidos acompañaban sin ninguna protesta los pasajes que gustaron desde un principio. Pero, a partir de aquel momento, fue inútil toda demostración favorable; en vano el mismo Emperador y la Emperatriz dieron por segunda vez a mi obra públicas muestras de su benevolencia; los que se miran como soberanos del teatro, pertenecientes todos a la más alta aristocracia de Francia, pronunciaron la sentencia irrevocable contra el *Tannhäuser.* Los silbatos acompañaron hasta el fin a las salvas de aplausos del público.

En vista de la impotencia absoluta de la dirección frente a aquel poderoso Club, y en vista del miedo manifiesto del mismo ministro de Estado, no me creí con derecho a seguir exponiendo a mis fieles intérpretes a aquella innoble agitación de que se los hacía victimas sin escrúpulo, con la esperanza de que habrían de batirse en retirada forzosamente. Declaré a la dirección que retiraba mi ópera y, si consentí en que se representase una tercera vez, fue con la condición expresa de que sería en domingo, es decir, fuera de abono, para que pudiese ocupar toda la sala el público propiamente dicho. Pusiéronse reparos contra mi deseo de que se designase esa representación en los carteles como la *última;* así que no tuve otro recurso que advertirlo yo mismo a mis conocidos.

Esas medidas de precaución no consiguieron disipar los temores del Jockey-Club; al contrario, sus miembros creyeron ver en la representación dominical una demostración audaz y amenazadora para sus intereses: pensaban que después de eso, después de acogida la ópera por un éxito no discutido y admitida en el repertorio, fácilmente les sería impuesta a la fuerza. No se atrevían a creer que yo hablase sinceramente cuando aseguraba que, aun supuesto tal éxito del *Tannhäuser,* no estaría menos decidido a retirar la partitura. Esos caballeros renunciaron, pues, por aquella noche a sus otras diversiones; volvieron a la Ópera, bien pertrechados, y renovaron las escenas de la segunda noche.

Esta vez la exasperación del público, al ver que le sería absolutamente imposible seguir la representación, creció en proporciones nunca vistas, según me dijeron; parece que los señores perturbadores a no ser por la inviolabilidad de su posición social, no hubiesen escapado a los malos tratamientos y a las vías de hecho. Lo digo sin ambages: tanto como me asombró la actitud desenfrenada de esos señores me conmovieron los esfuerzos heroicos del verdadero público por reparar aquella injusticia; nunca ha estado más lejos de mí, concebir dudas del público parisiense, cuando se encuentra en un terreno neutral.

La retirada de mi partitura ha puesto a la dirección de la Ópera en un verdadero y grande apuro. Clama que en lo ocurrido con el *Tannhäuser* ve un grandísimo éxito, en vez de un fracaso, y que, por más que consulta sus recuerdos, no tiene idea de que se haya visto jamás un público tomando parte con tan viva pasión por una obra discutida. Le parece que el *Tannhäuser* tiene asegurados los mayores ingresos, porque las localidades están tomadas ya con anticipación para varias representaciones. Le informan de la irritación creciente del público, al ver defraudado por una ínfima minoría el interés que tiene de oír y apreciar en paz una obra nueva de que tanto se ha hablado.

Sé, por mi parte, que el Emperador permanece completamente fiel a sus buenas disposiciones en pro de mi causa, que la Emperatriz quiere tomar mi ópera bajo su protección y reclamar medidas para prevenir la repetición de nuevos desórdenes. En este mismo momento circula entre los músicos, los pintores, los artistas y los literatos de París una protesta dirigida al ministro de Estado contra los vergonzosos acontecimientos de la Ópera; me dicen que se cubre de firmas. En tales circunstancias, parece que debería sentirme animado a autorizar la reaparición de mi ópera. Pero me lo impide una importante consideración artística.

Hasta ahora no he podido lograr una sola audición tranquila y recogida de mi obra. Las condiciones particulares, necesarias para comprender lo que yo he querido hacer, para colocarse en esa disposición de espíritu extraña al público ordinario de ópera, y sin la cual no se abraza el conjunto, la unidad de una producción, esas condiciones, digo, han faltado hasta ahora a mis oyentes, que solo han podido fijarse en brillantes episodios, fáciles de comprender aisladamente y puestos allí como simple marco de mi cuadro; esos oyentes han tenido que limitarse a notar dichas páginas y a saludarlas con sus vivas simpatías. Admitiendo que yo consiguiese ahora esa audición tranquila y recogida, no dejaría de temer lo que antes dije sobre el carácter de la ejecución de aquí: tal ejecución carecía por completo de vigor y de entusiasmo, cosa que no ha pasado inadvertida para ninguno de los que están familiarizados con la obra. En cuanto a mí, me estaba vedado intervenir personalmente para estimular esa debilidad, y temiendo, en consecuencia, que la debilidad se patentizase poco a poco, he renunciado a toda esperanza de asistir por esta vez a un éxito sólido y no puramente superficial.

¡Queden, pues, todas las deficiencias de esa ejecución indulgentemente veladas por el polvo de estas tres noches de combate! ¡Y qué más que uno, después de haber defraudado cruelmente las esperanzas cifradas en él, pueda retirarse de la lucha con la convicción de que ha sucumbido por una buena causa y por amor a esa causa!

¡Acabe por esta vez su carrera el *Tannhäuser* de París! Si llegara a cumplirse la aspiración de amigos serios de mi arte, si se realizara el proyecto acariciado a estas horas por personas muy expertas, y que no se endereza nada menos que a la inmediata fundación de un nuevo teatro de ópera donde puedan introducirse las reformas cuya iniciativa he tomado aquí, quizá volverían ustedes a recibir de París mismo noticias del *Tannhäuser*.

En cuanto a lo que ha pasado en París hasta hoy, a propósito de mi obra, tengan ustedes por seguro que el presente relato es la verdad pura y cabal; y sírvales de garantía el saber que me es imposible contentarme con apariencias, cuando quedan por cumplir mis más íntimas aspiraciones, que mis deseos no pueden verse satisfechos más que cuando tengo la conciencia de haber provocado una impresión franca y patente.

VI Mis recuerdos sobre Luis Schnorr de Karolsfeld, muerto en 1865

Oí hablar por primera vez del joven cantante Luis Schnorr de Karolsfeld a mi antiguo amigo Tichastchek que me visitó en Zurich durante el estío de 1856, y llamó mi atención, en previsión del porvenir, sobre las grandes dotes de ese neófito del arte. Schnorr había empezado entonces su carrera dramática, en el teatro Real de Karlsruhe, y el director de ese teatro, que me visitó también durante el estío del año siguiente, me habló de su predilección singular por mi música y por las dificultades que imponía al cantante dramático. Convinimos, pues, en reservar el estreno de mi *Tristán,* cuya concepción meditaba en aquella época, para el teatro de Karlsruhe; de esa suerte era de suponer que el gran Duque de Baden, muy bien dispuesto en mi favor, podría allanar las dificultades que se oponían aún, a que yo reapareciese en el territorio de la Confederación germánica sin ser molestado. Poco después recibí una atenta carta del mismo Schnorr, expresándome casi apasionadamente su adhesión hacia mí.

Por motivos en que quedaba más de un punto oscuro, declarose finalmente imposible estrenar en Karlsruhe esa ópera, acabada durante el verano de 1859. En cuanto a Schnorr, me participaban también que, a despecho de su gran abnegación por mí, no creía poder llegar a vencer las dificultades que ofrecía el papel principal en el último acto. Además, se me pintaba como grave el estado de su salud; me decían que estaba afligido de una obesidad que desfiguraba su porte juvenil. Esta última noticia fue la que peor me impresionó. Cuando visité por primera vez a Karlsruhe en el estío de 1861, volvió a agitarse el suspendido proyecto, gracias a la perseverancia amistosa de las buenas disposiciones del gran Duque; pero acogí con cierta repugnancia la proposición que me hicieron de entrar en negociaciones con Schnorr, contratado entonces en el teatro Real de Dresde. Declaré que no tenía el menor deseo de conocer personalmente a ese cantante porque, dado su achaque, temía que las ideas grotescas evocadas por su presencia pudiesen prevenirme contra sus méritos reales de artista hasta el punto de hacerme insensible a ellos.

No habiendo podido celebrarse en Viena una ejecución de mi nueva obra, proyectada en el ínterin, pasé una temporada en Biebrich, a orillas del Rin, durante el verano de 1862, y de allí fui a Karlsruhe con objeto de asistir a una representación de *Lohengrin,* para la cual había sido contratado Schnorr. Llegué secretamente; me había propuesto no presentarme a nadie, a fin de que Schnorr sobre todo, ignorase mi presencia, porque temía ver confirmados mis temores por la impresión repulsiva de su supuesta deformidad, e insistía en eludir toda relación personal entre nosotros, y en pasarme sin él. Pronto cambiaron esas disposiciones. Si la vista del caballero del cisne, al abordar a la ribera en su navecilla, me hizo el efecto algo extraño de la aparición de un Hércules juvenil, no bien se adelantó a la escena, obró sobre mí inmediatamente el encanto especial del héroe legendario, del enviado de Dios; era el personaje sobre el cual no se pregunta: «¿Cómo es?», sino que se dice: «¡Helo ahí!» Esa impresión instantánea, tan profundamente penetrante, no puede compararse más que a un hechizo; recuerdo haberla recibido de la gran Schroeder-Devrient, en los primeros años de mi adolescencia, de una manera decisiva para toda mi vida, y después jamás he vuelto a experimentarla tan poderosamente como en la salida de Luis Schnorr en *Lohengrin.* Durante la representación, no tardé en advertir que había muchas cosas en su manera de concebir e interpretar que no habían llegado aún a la madurez; pero esos mismos defectos tenían a mis ojos el atractivo de una pureza juvenil incólume, de una casta disposición al desarrollo artístico más floreciente. El entusiasmo y la tierna exaltación en que rebosaban las miradas maravillosamente amorosas de aquel jovenzuelo, me revelaron en seguida la llama genial en que acabarían por arder; en pocos instantes fue para mí un ser cuyas facultades ilimitadas me inspiraron una trágica angustia. Al final del primer acto encargué a un amigo, a quien busqué con ese objeto, que pidiese a Schnorr una cita conmigo después de acabada la ópera. Hízose así: a una hora avanzada de la noche, entró el joven adalid, fresco y ágil, en mi cuarto del hotel, y quedó concluida la alianza. Entonces no podíamos decirnos gran cosa, pero se convino que celebraríamos una entrevista más larga en Biebrich lo antes posible.

Allí, a orillas del Rin, volvimos a encontrarnos a poco para pasar juntos dos semanas felices; Bülow, que había ido a verme en la misma época, ocupaba el piano, y recorrimos a nuestro sabor mis bosquejos del *Anillo de los Nibelungos* y sobre todo *Tristán.* Todo lo que podía llevarnos a la inteligencia más íntima en punto a los intereses artísticos fue dicho y hecho. En cuanto a las dudas de Schnorr sobre la posibilidad de interpretar el tercer acto de *Tristán,* me confesó entonces que esas dudas se referían más que a un desfallecimiento del órgano, a las dificultades que encontraba para poseer a fondo la inteligencia de una frase: ese pasaje único, pero que creía de la más alta importancia, era la *maldición de amor;* se trataba especialmente de la expresión musical exigida a partir de las palabras: «Risa y llanto, voluptuosidades y heridas...» Le expliqué mis intenciones y el acento indudablemente extraordinario que había querido dar a esa frase. Me entendió inmediatamente; reconoció que bajo el punto de vista musical se había engañado en lo tocante al *movimiento,* que él suponía demasiado rápido, y vio que la precipitación exagerada resultante de ese modo procedía de que había equivocado la justa expresión por no haber comprendido tampoco el pasaje. Le hice advertir que, al indicar un movimiento más amplio, me proponía segura-mente obtener un esfuerzo insólito y hasta quizá de una intensidad extraordinaria, a lo cual me manifestó que no era exigir un imposible, y me probó al instante cómo con aque-lla amplitud del movimiento lograba interpretar el pasaje de una manera completamente satisfactoria.

Ese simple pormenor ha sido para mí una cosa inolvidable y de las más instructivas: el extremo esfuerzo físico dejaba de ser penoso desde el punto y hora en que el artista llegaba a entender la expresión justa de la frase; la inteligencia le comunicaba al momento la fuerza requerida para vencer la dificultad material. Y he ahí el delicado escrúpulo que, durante años, había atormentado la conciencia artística de ese joven; su incertidumbre en la interpretación de un solo pasaje lo había intimidado hasta el punto de dudar que pudiese salir airoso de todo su cometido; en cuanto a *cor-tar* el pasaje, medio a que no hubieran dejado de recurrir nuestras más renombradas celebridades de ópera, no podía cruzarle siquiera por las mientes, porque sabía que ese era el vértice de la pirámide hasta donde se elevaba la tendencia trágica del tipo de Tristán.

¡Quién puede medir las esperanzas que me alentaron al encontrar en mi camino tal cantante!

Nos separamos, hasta que nuevos y singulares destinos volvieron a unirnos años después para la realización definitiva de nuestra empresa.

A partir de ese instante, mis esfuerzos por conseguir una representación de *Tristán* se confundieron con los que hice para asegurarme el concurso de Schnorr; pero no dieron resultado hasta la época en que un augusto amigo del arte, que la suerte me deparó después, me asignó con ese objeto el teatro Real de Munich. A comienzos de Marzo de 1865, Schnorr hizo una corta aparición en Munich, a fin de celebrar conmigo las conferencias necesarias a propósito de nuestro proyecto, pronto a entrar en vías de ejecución. Se aprovechó su presencia para dar una representación de *Tannhäuser,* sin preparación ninguna, y encargándose él del papel principal con un solo ensayo en la escena. No podía servirme, pues, más que de indicaciones verbales para hacerle comprender las explicaciones que esperaba sobre su cometido, el más arduo entre todos los papeles de hombres de mis dramas. Bajo un punto de vista general, le comuniqué la triste experiencia que había hecho sobre el efecto producido hasta entonces en el teatro por mi *Tannhäuser:* el resultado último nunca había sido satisfactorio, porque jamás habían sido vencidas, ni siquiera comprendidas, las dificultades del papel principal. Le indiqué como rasgo dominante de ese papel *la suma intensidad, así del éxtasis como de la contrición*, sin emplear ninguna gradación intermediaria de sentimiento, sino bruscamente y por un contraste bien acentuado. Para fijar mejor este principio de su interpretación, le señalé la importancia de la primera escena con Venus: si falla el efecto conmovedor que debe producir esa escena, es inevitable el fracaso de todo el conjunto; por más que el actor lance gritos de alegría en el primer final, por más que se arrebate y subleve en el tercero bajo el anatema, no hay ya modo de enderezar las cosas. La importancia de esa escena no estaba indicada bastante claramente en el primer bosquejo; más tarde, cuando lo reconocí, me ocurrió la idea de la nueva interpretación, que en la época de que hablo, aún no había sido puesta en estudio en Munich. Schnorr tenía que salir de su empeño con el antiguo sistema; razón demás para que se esforzase en traducir un combate espiritual extraordinariamente doloroso, lo cual en ese pasaje depende exclusivamente del artista; podía conseguirlo, siguiendo mi consejo de considerar como un *crescendo* poderoso todo lo que precede a la exclamación decisiva:

¡Mi salvación reposa en María! Le dije que al llegar a esta palabra *¡María!* debía haber una explosión tan enérgica, que el milagro operado inmediatamente del desencanto del

Venusberg y del transporte al valle natal apareciese de un modo claro y rápido como la realización necesaria de las exigencias inevitables de un alma sobreexcitada hasta el extremo. Añadí que en el momento de esa exclamación debía tomar la actitud de un hombre arrebatado por el éxtasis más sublime, dirigiendo al cielo una mirada exaltada y fija, y permanecer así, sin cambiar de sitio, hasta el instante en que los caballeros entran en escena y lo apostrofan. En cuanto al modo de dar cima a esa empresa, declarada imposible algunos años atrás por un cantante renombradísimo, yo mismo se lo indicaría directamente en el ensayo, poniéndome cerca de él. Me colocaría enfrente, y siguiendo paso a paso la música y el desarrollo de la escena, desde la canción del pastor hasta el desfile de los peregrinos, le apuntaría la marcha interior de los sentimientos extáticos, desde la completa y sublime inconsciencia hasta el despertar gradual de la percepción exterior, producido sobre todo por el renacimiento del oído, mientras la mirada, desencantada por la vista del azul celeste, se niega a reconocer aún el antiguo mundo terreno de la patria, como si temiese romper el encanto, permaneciendo, pues, fija esa mirada, dirigida sin cesar hacia el cielo; solo el juego expresivo de la fisonomía y una blanda distensión a lo último de la actitud erguida del cuerpo deben delatar la invasión de la ternura en el alma regenerada, basta que toda agitación se desvanece ante el avasallamiento divino, hasta que el pecador se postra con humildad, profiriendo al fin la exclamación: *¡Loor a ti, Omnipotente! ¡Grandes son las maravillas de tu gracia!* Luego, cuando ya de rodillas une su voz tímidamente a la de los peregrinos, su mirada, su cabeza, su cuerpo entero, se inclinan más profundamente cada vez, hasta que, sofocado por las lágrimas, poseído de un nuevo y saludable desfallecimiento, queda tendido, inanimado, con la faz en tierra.

En este sentido y en voz baja, comuniqué a Schnorr mi pensamiento, permaneciendo cerca de él durante todo el ensayo. A las brevísimas indicaciones que yo le hacía, respondía por su parte con una discreta y furtiva mirada; esa mirada, iluminada por una exaltación profunda, me atestiguaba la inteligencia más maravillosa, el actor despertaba en mí de rechazo nuevas inspiraciones sobre mi propia obra; con lo cual tuve un ejemplo inaudito del fecundo cambio de resultados que puede producir un comercio inmediato y afectuoso entre dos artistas de diversas dotes, cuando sus facultades se completan perfectamente.

Después de aquel ensayo no volvimos a decir una palabra de *Tannhäuser.* Aun después de la representación, que tuvo efecto la noche siguiente, apenas si cruzamos una palabra sobre el particular; por mi parte, ni le dirigí elogios ni le di las gracias: aquella noche, merced a la interpretación maravillosa, enteramente inexpresable, de mi amigo, dirigí hasta el fondo de mi propia creación una de esas miradas que rara vez, quizás jamás, ha sido dado dirigir a un artista. Se siente uno poseído entonces de un arrobamiento sagrado, ante el cual debe guardarse un silencio religioso.

En esa única representación de *Tannhäuser,* que jamás se repitió, Schnorr había realizado cumplidamente mis intenciones artísticas más íntimas; no se perdía de vista un solo instante el elemento demoniaco en el transporte o el dolor; el pasaje de una importancia tan decisiva en el segundo final «Para guiar al pecador a la salvación...», sobre el cual había expresado yo tantas veces exigencias inútiles; ese pasaje que dejaban a un lado obstinadamente todos los cantantes por su gran dificultad, y todos los directores por el movimiento obligado de los instrumentos de cuerda, lo interpretó Schnorr por primera y única vez con la expresión intensamente conmovedora que convierte al héroe, de un objeto de horror, en el ser sobre el cual se concentra la piedad. El ardor frenético de su contrición durante la conclusión tan movida del segundo acto, y su despedida en respuesta a la de Isabel, preparaban perfectamente su aparición en el tercer acto con los signos de la demencia; de aquel alma helada brotaba después la emoción de una manera más embargadora, hasta el momento en que un nuevo acceso de locura volvía a evocar la visión mágica de Venus con un poder casi tan despótico como el del primer acto, cuando la invocación a María hacía reaparecer milagrosamente el mundo de la luz, el mundo de la patria cristiana. En esa última explosión de una desesperación frenética, Schnorr estaba verdaderamente espantoso, y no creo que Kean y Luis Devrient hayan podido alcanzar un poder más alto en el papel de Lear.

La impresión del público fue para mí sumamente instructiva. Más de un pasaje, como la escena casi muda que sigue al desencanto del *Venusberg*, produjo un efecto conmovedor y provocó explosiones impetuosas y unánimes del sentimiento general. Pero en el conjunto noté más bien sorpresa y asombro; las partes enteramente nuevas, especialmente el pasaje discutido y siempre suprimido del segundo final, desorientaron y casi desconcertaron al público. A este propósito tuve que recibir a quemarropa la lección de un amigo que no carecía de inteligencia: me dijo que, hablando propiamente, no tenía derecho para hacer interpretar el *Tannhäuser* a mi modo, siendo así que público y amigos, acogiéndolo con favor por todas partes, expresaban manifiestamente que la manera más sentimental de comprender la obra hasta entonces, aunque insuficiente para mí, era en el fondo la mejor. La objeción formulada sobre la puerilidad de tales asertos era recibida con encogimientos de hombros tan indulgentes, que no había modo de discutir.

Así, a esa relajación y aun diré a esa corrupción general, no solo del gusto público, sino hasta del sentido artístico de los mismos que nos rodeaban, tuvimos que oponer Schnorr y yo una común resistencia; y lo hicimos, merced a un simple acuerdo sobre lo que era verdadero y justo, creando y obrando con tranquilidad, sin otra demostración que nuestros actos de artistas.

Se preparó esta demostración en los comienzos del siguiente Abril, con el regreso del artista tan profundamente identificado conmigo y con los ensayos generales para la representación del *Tristán*. Jamás el más torpe de los cantantes o de los músicos aceptó de mí tan gran número de instrucciones sobre el detalle más nimio como ese héroe del canto, que desde el primer instante conquistaba la maestría suprema: la más leve apariencia de obstinación en mis consejos hallaba en él una acogida tan inteligente y tan simpática que me hubiera creído desleal, si por temor de no herirlo hubiese intentado evitarle la menor crítica. Bien es cierto que esa disposición dimanaba de que mi amigo, por su propia iniciativa, había penetrado ya el sentido ideal de mi obra, y se lo había asimilado cumplidamente: ni el menor hilo de esa trama espiritual, ni la más discreta indicación de las relaciones más ocultas, nada había que no adivinase con el tacto más exquisito. No se trataba, por consiguiente, sino de someter a un examen rigoroso los medios técnicos de expresión del artista bajo el punto de vista vocal, musical y mímico, a fin de conseguir en todo el curso de la obra la armonía entre las facultades personales y características del intérprete y el objeto ideal de la interpretación. Los que asistieron a aquellos estudios deben recordar que nunca les ha sido dado conocer nada semejante en punto a inteligencia entre artistas amigos.

Solo del tercer acto del *Tristán* no dije nada a Schnorr (excepto mi explicación precedente del único pasaje que no había comprendido). Después de prestar la atención más sostenida a mis intérpretes, así con la vista como con el oído, mientras se ensayaban el primero y el segundo acto, una vez empezado el tercero, me desvié involuntariamente del espectáculo del héroe herido, tendido en su lecho de dolor, para abstraerme, inmóvil en mi asiento, con los ojos medio cerrados. Como no me volví una sola vez durante esa larguísima escena, ni aún al oír los acentos más vigorosos, y en cambio no hacía más que agitarme, Schnorr pareció experimentar alguna perplejidad ante la duración insólita de aquella indiferencia aparente. Pero cuando al fin me levanté titubeando después de la *maldición de amor,* cuando me incliné hacia ese admirable amigo que seguía tendido en su lecho, y abrazándole cariñosamente, le dije muy bajo que me era imposible expresar ningún juicio sobre el ideal realizado por él, entonces centellearon de repente sus ojos sombríos como la estrella del amor. Un sollozo apenas perceptible... y después nunca volvimos a pronunciar una palabra seria sobre ese tercer acto. A lo sumo me permití demostrarle mi sentimiento con bromas por ese estilo: una cosa como ese tercer acto es fácil de escribir, pero verse obligado a oírsela cantar a Schnorr es algo fuerte; así que me sería imposible mirarlo encima...

A decir verdad, hoy mismo, al apuntar estos recuerdos después de tres años, no puedo describir la manera cómo me secundó Schnorr en el papel de Tristán, hasta llegar al punto culminante del tercer acto de mi drama; y es sin duda por la sencilla razón de que esa manera no admite paralelo. Heme aquí en un gran apuro para saber cómo podría dar siquiera una idea aproximada; estoy convencido de que el único medio de fijar para la reflexión ulterior ese prodigio tan formidablemente fugitivo, el arte de la interpretación por la música y la mímica combinadas, consiste en recomendar a los amigos sinceros de mi persona y de mi obra que tomen en las manos ante todo la partitura de ese tercer acto. Desde luego tendrían que escrutar a fondo la orquesta, siguiendo, desde el principio del acto hasta la muerte de Tristán, los motivos musicales que sin tregua surgen, se desarrollan, se asocian y separan para volver de nuevo a confundirse, crecer y borrarse, hasta que finalmente entran en lucha, se traban y se devoran casi los unos a los otros; después deberían notar que esos motivos, cuya significación exigía la más minuciosa armonización al par que una orquestación del más independiente movimiento, expresan una vida afectiva en donde alternan el más vehemente anhelo de voluptuosidad y la aspiración más decidida a la muerte, una vida que hubiera sido imposible bosquejar hasta hoy en una obra puramente sinfónica, porque no se podía hacer sensible, sino mediante combinaciones instrumentales que apenas si ha necesitado poner en juego hasta el día con tal riqueza, un compositor puramente sinfónico. Nótese ahora que toda esa orquestación extraordinaria no representa bajo el punto de vista de la *ópera* propiamente dicha, con respecto a los monólogos en que se desahoga el cantante tendido en su lecho, sino el acompañamiento de lo que se llama un solo de canto, y se medirá el alcance de la ejecución de Schnorr, si digo, invocando el testimonio de cualquier oyente sincero de aquellas representaciones de Munich, que desde el primero hasta el último compás toda la atención y todo el interés, se concentraban exclusivamente en el actor y en el cantante, permaneciendo encadenados a su persona; que no hubo un solo momento de distracción, ni se perdía la más mínima palabra; más aún: que la orquesta desaparecía completamente ante el cantante, ó, por mejor decir, parecía envuelta en su misma ejecución. Al que haya estudiado de cerca la partitura le pintaré la grandeza incomparable de la interpretación de mi amigo con solo advertirle que, después del ensayo general, los oyentes desapasionados auguraban a ese acto tercero un efecto popularísimo y le predecían un éxito unánime...

Al asistir a aquellas representaciones del *Tristán,* la prodigiosa hazaña de mi amigo me inspiró desde el comienzo un asombro respetuoso que creció hasta trocarse en verdadero espanto. Acabé por mirar como un crimen el consentir que Schnorr repitiese normalmente aquella proeza, según los usos de nuestro repertorio de ópera; y a la cuarta representación, después de la *maldición de amor* de Tristán, me creí en el deber de declarar resueltamente que esa representación sería la última y que yo no toleraría ninguna otra.

Era algo difícil hacer comprender claramente mi sentimiento íntimo en aquel caso. No entraba en juego para
nada el escrúpulo de sacrificar las fuerzas físicas de mi
amigo, porque lo que ya sabía por experiencia había disi-
pado ese escrúpulo completamente. A este propósito hizo
observaciones muy acertadas y notables el experto cantante
Antonio Mitterwurzer que, en calidad de colega de Schnorr
en el teatro de Dresde y compañero suyo en la representación de *Tristán e*n Munich, donde desempeñaba el papel de
Kurwenal, se interesó de la manera más viva y más inteligente
por la interpretación y el éxito de nuestro amigo. Como sus
cofrades de Dresde clamasen que Schnorr se había arruinado
la voz en el papel de Tristán, les hizo observar muy juiciosa-
mente que el que dominaba su cometido tan soberanamente
como Schnorr, no podía temer abusar de sus fuerzas físicas,
puesto que esa soberanía espiritual con que se posesiona-
ba del papel implicaba igual soberanía sobre el empleo de
aquellas fuerzas. Y el hecho es que ni antes ni después de
las representaciones, se notó el menor desfallecimiento de la
voz en ese artista, ni siquiera cansancio físico; al contrario: si
antes de las representaciones lo embargaba completamente
la preocupación de salir airoso de su empeño, después de
cada nueva acogida favorable se encontraba en la disposición
de ánimo más firme y serena. Los resultados de esas experiencias, tan oportunamente apreciados por Mitterwurzer,
nos movieron a reflexionar muy seriamente sobre el partido

que debería sacarse de ellos para fundar un nuevo estilo de ejecución dramático-musical correspondiente al verdadero espíritu del arte alemán. Y he aquí cómo mi encuentro con Schnorr, provocando una unión tan íntima entre nosotros, abría a nuestra acción combinada en el porvenir, una perspectiva que prometía un éxito inesperado.

Se concibe, pues, fácilmente que nuestras experiencias sobre el órgano vocal de Schnorr nos revelasen de una manera clara la naturaleza inagotable de un talento verdaderamente genial. Aquel órgano lleno, flexible y brillante nos parecía inagotable, en efecto, cuando servía de instrumento inmediato para cumplir una función perfectamente dominada bajo el punto de vista espiritual. El solo ejemplo de la ejecución de dificultades tan importantes nos demostraba que era posible aprender lo que no puede enseñar ningún profesor de canto del mundo... Pero ¿en qué consisten esas dificultades para las cuáles precisamente no han encontrado aún nuestros cantantes el verdadero estilo?... Preséntanse desde luego bajo la forma de un llamamiento insólito a la resistencia física de la voz, y cuando el maestro quiere ayudar a los cantantes, cree preciso (y con razón bajo su punto de vista), recurrir a artificios puramente mecánicos para reforzar el órgano a trueque de una desnaturalización absoluta de sus funciones. En esto la voz se considera puramente como un órgano humano-animal, y no hay que decir que, tratándose del punto de partida de su formación, no cabe proceder de otra manera; pero si en el curso de su ulterior perfeccionamiento debe desenvolverse al fin el alma de ese órgano, entonces solo pueden servir de regla para su empleo los ejemplos consagrados y todo lo demás depende de las dificultades propuestas en esos ejemplos. Hasta aquí, no obstante, el arte del canto se ha formado exclusivamente según el modelo del canto italiano; no había otro. El canto italiano a su vez se inspiraba completamente en el espíritu de la música italiana; a ese canto correspondieron los castrados en la época de florecimiento de tal música, cuyo espíritu tendía a la satisfacción sensual con exclusión de toda pasión del alma propiamente dicha; entonces tampoco se empleaba casi nunca la voz del hombre joven, la voz de tenor, o bien, como sucedió más tarde, se derrochó en el sentido de un falsete análogo a la voz del castrado. Pero ahora la tendencia de la música moderna, bajo la dirección indiscutible del genio alemán, representado principalmente por Beethoven, se ha elevado al nivel de la verdadera dignidad artística, porque no solo ha introducido en el dominio de su incomparable expresión el elemento de placer sensual, sino también la energía espiritual y la pasión profunda. ¿Cómo debe proceder, pues, el cantante formado según la antigua tendencia con respecto a las dificultades que ofrece el arte alemán del día? Desenvuelta la voz según un principio sensual, material, apenas puede descubrir otra cosa que pretensiones al vigor y a la resistencia puramente física; y a adiestrar la voz de esa suerte parece limitarse la tarea del actual profesor de canto. Fácilmente se comprende el error de proceder así, porque toda voz de hombre, educada exclusivamente bajo el punto de vista de la fuerza material, en cuanto intente resolver las dificultades de la música alemana moderna, tales como las propuestas por mis obras dramáticas, sucumbirá al punto y se gastará infructuosamente, si el cantante no está a la altura del elemento *espiritual* de su ministerio. Schnorr fue el que nos suministró el ejemplo más convincente en este sentido; y para que se vea bien la profunda y radical diferencia de que se trata aquí, citaré la enseñanza que saqué del pasaje del *Tannhäuser* correspondiente al adagio del segundo final: *Para guiar al pecador a la salvación*. Si la naturaleza ha producido en nuestro tiempo la maravilla de una hermosa voz de hombre, es sin duda la del tenor Tichatscheck, cuyo vigor y brillo se conservan desde hace cuarenta años. Los que han podido oírle interpretar el recitado del San Graal en *Lohengrin* con la sencillez más brillante y grandiosa, se han sentido conmovidos y embargados profundamente como si asistieran a un prodigio. En cuanto al pasaje de *Tannhäuser*, ya en Dresde -hace mucho tiempo de eso- me vi obligado a suprimirlo después de la primera representación, porque Tichatscheck, que disfrutaba entonces de toda la plenitud de sus medios vocales, no pudo conseguir, dentro de las disposiciones de su talento dramático, asimilarse la expresión de ese pasaje, que es la de una *contrición extática*, *y* cayó, al contrario, en un verdadero agotamiento físico a consecuencia de algunas notas elevadas. Si afirmo, pues, que Schnorr no solo interpretaba ese pasaje con la más patética expresión, sino que profería aquellos gritos agudos de un dolor violento con una verdadera plenitud de sonido y una perfecta belleza, no trato de rebajar la voz de Tichatscheck para posponerla a la de Schnorr, como si esta última hubiese sobrepujado a la otra en poder natural; solo reivindico para ella, frente a un órgano dotado por la naturaleza de una manera poco común, el mérito comprobado por nosotros, de ser un órgano inagotable al servicio de la comprensión espiritual.

Con el conocimiento de la importancia inapreciable de Schnorr para mi propia creación artística, lució en mi vida una nueva primavera de esperanza. Estaba encontrado el lazo de unión directo, que debía poner mi obra en comunicación con el tiempo presente y hacerla fecunda. Era una ocasión de enseñar y de aprender: había llegado el momento de convertir en una innegable realidad artística lo que había sido universalmente desdeñado, escarnecido y cubierto de baba. Fundar un estilo alemán para la ejecución y representación de obras nacidas del genio alemán: tal fue nuestra consigna. Y porque concebí esa consoladora esperanza de un éxito grande y continuo, por eso me declaré contra toda repetición inmediata de *Tristán*. Con esas representaciones, como con la obra misma, se había dado un salto demasiado violento, casi desesperado en dominios desconocidos, que había que conquistar ante todo; en el intervalo se abrían abismos, precipicios; había que empezar por llenar cuidadosamente esas lagunas para allanarnos el camino a nosotros, artistas aislados, hacia la parte opuesta, hacia esas cimas de la indispensable asociación...

Schnorr debía, pues, ser de los nuestros. Acordose la fundación de una Escuela real de música y de arte dramático. Las consideraciones impuestas por las dificultades que encontraría ese artista para abandonar su contrata de Dresde nos obligaban a ofrecer al cantante una posición que de una vez para todas fuese digna de él. Schnorr debía renunciar completamente al teatro, y solo con ocasión de representaciones especiales y extraordinarias que correspondiesen a una sanción de nuestro fin docente, tendría que colaborar a la enseñanza de nuestra escuela. Así era una cosa indicada la necesidad de emancipar del repertorio corriente de ópera a ese artista animado del más noble ardor; y por mí mismo juzgaba a maravilla lo que debía ser para él consumirse en semejante empleo. Mis mayores tribulaciones, mis más punzantes preocupaciones, mis humillaciones más degradantes, ¿no dimanaban de esa fatalidad de la configuración exterior de la vida y del estado de las cosas que me representaba ante el mundo y ante el conjunto de las relaciones estéticas y sociales, solo como un *compositor de ópera* y como un *director de orquesta?* Sí: ese singular *quid pro quo* me ha conducido a una confusión constante de mis relaciones con el mundo, y sobre todo de mi actitud frente a sus exigencias para conmigo, no debían ser tampoco de escasa monta los sufrimientos que acarrease al joven artista de alma profunda, de noble y serio talento, su posición de *cantante de ópera,* su esclavitud a un reglamento teatral ideado contra los héroes recalcitrantes de bastidores, su sumisión a las órdenes de gentes pedantes y mal educadas.

Schnorr era poeta y músico de nacimiento; como yo, pasó de una educación clásica general al estudio particular de la música y es muy verosímil que hubiese seguido mi propia dirección, a no producirse en él ese desarrollo del aparato vocal que, en su calidad de órgano inagotable, debía servir para realizar mis más ideales aspiraciones, asociándolo directamente a mi carrera y trayendo un complemento a la tendencia propia de mi vida. En esa nueva situación, nuestra civilización moderna no ofrecía otro recurso que aceptar contratas de teatro, hacerse *tenor,* como Liszt, en un caso semejante, se hizo *pianista.*

Por fin, la protección de un príncipe de sentimientos elevados y favorable a mi ideal de arte alemán iba a permitir implantar en nuestra civilización la rama cuyo crecimiento y desarrollo hubiesen fecundado el suelo para ejecuciones artísticas verdaderamente alemanas; y ya era tiempo ciertamente de proporcionar ese alivio al ánimo decaído de mi amigo. Ese decaimiento era el gusano roedor que devoraba la alegría de aquel artista y sus fuerzas vitales. Adquirí una convicción cada vez más clara de este hecho al notar, no sin sorpresa, el apasionamiento vehemente y hasta la furia con que resistía a esas inconveniencias constantes en las relaciones de teatro, en que a la falta de conciencia de los cómicos se une el estrecho espíritu de los burócratas, y que no sienten por supuesto los que son objeto de ellas. Un día se quejaba a mí: «¡Dios mío! Lo que me fatiga en *Tristán* no es la representación ni el canto, sino la bilis que hago en el ínterin. Permanecer tendido en el suelo, sin moverse, después del gran acaloramiento de la agitación anterior, y con la transpiración que es de suponer, en la gran escena del acto último, he ahí lo que es mortal; porque, por más que hago, no puedo conseguir que se cierre el teatro en ese momento para evitar la terrible corriente de aire que pasa sobre mí y me deja transido de frío; mientras tanto, esos caballeros están urdiendo entre bastidores el chisme del día.» Como no notásemos en él ningún síntoma de enfriamiento y de catarro, nos dio a entender con acento triste que aquellos aires habían de traerle más graves consecuencias. Su irritabilidad durante los últimos días de su estancia en Munich adquirió un tinte más sombrío cada vez. Para acabar, volvió a presentarse en escena con el papel de Erico de *El Holandés errante*; sostuvo ese difícil papel episódico en términos de excitar nuestra admiración en el más alto grado y hasta de estremecernos por la siniestra vehemencia, que como un fuego sombrío y devorador se desencadenaba en los sufrimientos de aquel joven cazador del

Norte, infortunado en amores -en lo cual no hacía más que amoldarse al deseo expresado por mí-. Aquella noche me dio a entender con breves alusiones, el profundo desacuerdo que lo separaba del mundo en que vivía. Parecía haber concebido repentinas dudas a propósito de la realización de los planes y proyectos que constituían nuestra felicidad; parecía no poder comprender cómo de aquellos adláteres fríos e indiferentes, que hasta nos acechaban con odiosa perfidia, podía prometerse nuestra obra una prosperidad seria. Amargo fue el sentimiento que experimentó al solo anuncio de la insistencia con lo que llamaban de Dresde para volver en día fijo a ensayar *El Trovador* o *Los Hugonotes*.

Yo acabé por participar de ese sentimiento de desacuerdo, de esa sombría inquietud, Todavía nos vimos libres de ella una hermosa noche, la última de los días que pasamos juntos. El Rey había pedido al teatro de la Residencia una audición privada en que debían ejecutarse trozos característicos de mis diversas obras -*Tannhäuser, Lohengrin, Tristán,* el *Oro del Rin,* la *Walkiria, Sigfredo y Los Maestros Cantores*- todo cantado y ejecutado a gran orquesta bajo mi dirección personal. Schnorr, que oía entonces por primera vez alguna cosa nueva de mí, cantó por su parte con una belleza y un vigor asombroso la *Canción de amor* de Sigmundo, los *Cantos de la Fragua* de Sigfredo, el papel de Loge en el número escogido del *Oro del Rin* y el de Gualterio de Stolzing en el fragmento más importante entresacado de *Los Maestros cantores.*

Sintiose como sustraído a los tormentos de la existencia, cuando después de una entrevista de media hora, a que lo había invitado el Rey, único oyente, de nuestra ejecución, volvió y me abrazó impetuosamente «¡Dios mío! ¡cómo bendigo esta noche!

-exclamó-. ¡Ahora comprendo lo que fortifica tu fe!... ¡Oh, entre ese Rey divino y tú, será forzoso que yo haga también alguna cosa buena!...»

...No era ocasión de seguir en tono serio. Nos fuimos a un hotel para tomar el té juntos. Nuestra conversación, en broma casi toda, rebosaba en tranquila jovialidad, y denunciaba una fe amistosa, una firme esperanza. «¡Vamos! -decíamos-. ¡Mañana vuelta a la mojiganga! ¡Enseguida, libres para siempre!» Teníamos una confianza tan profunda en volver a encontrarnos de allí a poco, que nos pareció superfluo y hasta extemporáneo despedirnos en regla. Nos separamos en la calle como si nos diesemos las buenas noches de costumbre; al otro día por la mañana mi amigo salía tranquilamente para Dresde...

Unos ocho días después de esa despedida, de que apenas habíamos hecho aprecio, me telegrafiaron la muerte de Schnorr. Había vuelto a cantar en un ensayo, teniendo que andar en contestaciones con sus compañeros, que se asombraban de que aún conservase voz. Después sintió un terrible reuma en la rodilla, que lo condujo en pocos días a una enfermedad mortal. Los planes concertados por nosotros, la

representación de *Sigfredo,* el temor de que pudiera imputarse su muerte al exceso de esfuerzos que exigía el *Tristán,*
fueron las últimas preocupaciones de aquel alma luminosa,
exhalada al fin.

Bülow y yo esperábamos llegar a Dresde a tiempo para
el entierro de aquel amigo tan querido. fue en vano, hubo
que dar tierra al cadáver antes de la hora prefijada; llegamos
demasiado tarde. A la misma hora, con un claro sol de Junio,
la ciudad de Dresde, adornada de mil colores, salía a recibir a
los viajeros que acudían a la fiesta universal de las Sociedades
corales alemanas. El cochero que nos conducía, y a quien yo
daba prisa para llegar al cementerio, me decía, tratando de
abrirse camino con gran trabajo al través de la muchedumbre, que habían afluido cerca de 20.000 cantantes.

«¡Sí! -pensé- ¡pero falta precisamente el *cantante!*»

VII Un recuerdo de Rossini

A principios de 1860 di en París, bajo forma de concierto (cuyo programa se repitió dos veces), algunos fragmentos de mis óperas, en gran parte trozos puramente sinfónicos. La mayoría de los periódicos me fueron hostiles, y sufrí un fracaso. No tardó en circular entre ellos una pretendida frase de Rossini. Referíase que su amigo Mercadante había defendido mi música, y que Rossini le había dado una lección durante la comida, sirviéndole la salsa tan solo de un plato de pescado, acompañado de estas palabras: «No necesita más que la salsa el que no hace caso del plato, como de la melodía en la música.»

Yo había oído distintos relatos poco lisonjeros sobre las escabrosas complacencias de Rossini con la tertulia muy heterogénea que llenaba su salón todas las noches, y no creí deber tener por falsa esa anécdota, que corría también por los periódicos alemanes con gran regocijo de la gente. En ninguna parte se citaba sin acompañarla de elogios sobre la ingeniosa malicia del maestro. Sin embargo, cuando Rossini lo supo, creyó conveniente escribir al director de un periódico para protestar muy expresamente contra esa *mauvaise blague*, como él decía; aseguraba que no se creía con derecho para formar un juicio sobre mí, no habiendo oído más que una marcha mía (que le gustó mucho) ejecutada por la orquesta de una población de baños alemana; añadía, en fin, que estimaba demasiado a un artista que intentaba agrandar el dominio de su arte para permitirse bromas respecto de él.

A instancias de Rossini el periódico en cuestión publicó esa carta, pero los demás se guardaron mucho de reproducirla.

Aquel modo de proceder del maestro me decidió a anunciarle mi visita; recibí una acogida amistosa, y supe de viva voz el sentimiento que tal invención le había causado. Conversando más ampliamente después de ese preámbulo, procuré convencer a Rossini de que no me había herido la frase, aun durante el tiempo que la creí suya realmente; que, en efecto, a consecuencia de observaciones y discusiones sobre ciertas expresiones aisladas de mis escritos estéticos, ora mal comprendidas, ora desnaturalizadas de propósito, era natural que hasta las personas benévolas conmigo me hiciesen víctima de una confusión, que no esperaba poder disipar sino mediante excelentes ejecuciones de mis obras dramático-musicales; que, hasta lograrlo, me resignaba con paciencia a mi singular destino, y que no tenía ningún resentimiento contra quien pudiese hallarse complicado en él sin culpa suya. Rossini pareció deducir con sentimiento de mis explicaciones que yo no tenía motivos para recordar con satisfacción la suerte reservada a los músicos en Alemania; en cambio él, como preámbulo a una corta exposición de su propia carrera de artista, me confió su creencia, reservada hasta entonces, de que quizá hubiese podido cumplir su destino, a nacer y formarse en mi país. «Yo tenía facilidad - dijo- y quizá hubiera podido llegar a algo.»

«Pero en su tiempo -continuó- Italia no era ya el país en que hubiese podido provocarse y sostenerse un esfuerzo más serio, y menos precisamente en el terreno de la música de ópera; allí se ahoga brutalmente toda aspiración más elevada, y no se ha enseñado al pueblo otra cosa que la haraganería. Así ha pasado su juventud inconsciente, y así ha crecido a merced de esa tendencia, obligado a buscar en torno suyo lo más indispensable para vivir. Cuando llegó con el tiempo a una situación mejor, era demasiado tarde; hubiese tenido que hacer esfuerzos excesivos para una edad avanzada. Espíritus más elevados debían juzgarlo, pues, con indulgencia. Él, no pretendía figurar, por su parte, en el número de los héroes; pero lo único que no podría mirar con indiferencia, sería merecer tan poca estima que se le incluyese entre los necios amigos de burlarse de las aspiraciones serias. De ahí su protesta.»

Por esas palabras, así como por el modo jovial, pero benévolo y serio, de expresarse, me produjo la impresión del primer hombre verdaderamente grande y digno de veneración que había tropezado hasta entonces en el mundo artístico.

Aunque no volví a verlo después de esa visita, he conservado otros recuerdos acerca de él.

Compuse un prólogo para una traducción en prosa francesa de varios de mis poemas de ópera, e hice en él un resumen general de las ideas desenvueltas en mis diversos escritos sobre el arte, especialmente sobre las relaciones de la música con la poesía. Al tratar de juzgar la moderna música italiana de ópera, me guié sobre todo de aquellas confidencias y declaraciones tan características, fundadas en una experiencia enteramente personal, que en la citada entrevista me hizo Rossini. Esa parte de mi argumentación fue precisamente la que sirvió de pretexto a una agitación prolongada y alimentada hasta el día en la prensa musical de París. Supe que el anciano maestro se veía asediado sin tregua en su propia casa por referencias y representaciones sobre mis supuestos ataques contra él; pero, a despecho de los deseos manifestados, no pudo decidírsele a pronunciarse contra mí. ¿Se creyó ofendido por las calumnias que le contaban diariamente? No he podido averiguarlo nunca. Algunos amigos me instaron a ir a ver a Rossini para darle informes precisos a propósito de esa agitación. Declaré no querer hacer nada que pudiese dar pábulo de nuevo a malas inteligencias; que si Rossini, entregado a su propio juicio, no veía claro en aquel asunto, no sería yo el que lograse esclarecérselo desde mi punto de vista. Después de la catástrofe que sufrió mi *Tannhäuser* en París en la primavera de 1861, Liszt, que llegó a esa capital poco después, y cuyas relaciones con Rossini eran frecuentes y amistosas, renovó las mismas instancias visitando a aquel viejo, que, a pesar de todas las obsesiones hostiles a mi persona, se había mantenido firme, profesándome una amistad nunca desmentida, disipando las últimas nubes que podían subsistir aún entre nosotros. Tampoco en aquel momento creí conveniente pretender allanar con demostraciones exteriores, dificultades que provenían de causas más profundas, y temí, como antes, dar motivo a falsas interpretaciones. Después de la marcha de Liszt, Rossini me envió desde Passy, por intermedio de uno de sus íntimos, las partituras de mi amigo que habían quedado en su casa, y me mandó a decir que de buena gana me las hubiese llevado él personalmente, si el mal estado de su salud no lo tuviese encadenado a la casa en aquel momento. Aun entonces insistí en mis resoluciones precedentes. Salí de Paris sin haber tratado de ver a Rossini, resignándome a soportar mis propias reconvenciones sobre la conducta, tan delicada de apreciar, que seguía con aquel hombre a quien honraba sinceramente.

Más tarde supe que un periódico musical de Alemania *(Signale für Musik)* había publicado en la misma época la reseña de una última visita que se suponía hecha por mí a Rossini, después de la caída de mi *Tannhäuser,* como un tardío «yo pecador». En esa reseña sé atribuía también al anciano maestro una réplica mordaz; decíase que, al declarar yo que no tenía intención ninguna de destruir todas las grandezas del pasado, Rossini respondió sonriendo: -«Sí, querido señor Wagner, suponiendo que pudiese Vd.. hacerlo.»

A la verdad, no podía yo hacerme la ilusión de que el mismo Rossini desmintiese esa nueva anécdota, porque, después de la lección recibida, se tenía la precaución de que las historietas de esa índole no llegasen a su conocimiento; a pesar de todo, no me creí más obligado que antes a salir a la palestra en favor del ofendido, que a mis ojos era evidentemente Rossini. Pero es el caso que, desde el día de su muerte, por todas partes se manifiestan disposiciones a publicar reseñas biográficas del maestro; y veo con pena que se cede ante todo a la comezón de hacer efecto, refiriendo historietas de diversos orígenes, contra las cuales no puede protestar el difunto; ahora, pues, no hallo mejor manera de demostrar mi respeto sincero hacia el maestro, que hacer pública mi experiencia personal sobre el crédito que merecen las anécdotas que se le atribuyen, y contribuir a la justa apreciación histórica de esos relatos.

Rossini, que desde hace mucho tiempo no pertenecía más que a la vida privada, y que parece haberse conducido en ella con la indulgencia indiferente del escéptico jovial, no podría pasar a la historia en peor situación que marcado, por una parte, con el sello de un héroe del arte, y rebajado, por la otra, al papel de un frívolo gracioso. También sería grave falta buscarle un puesto intermediario entre esos dos extremos a la manera de la crítica que ahora presume de *imparcial*. Rossini no será juzgado en su justo valor, sino cuando se acometa inteligentemente una historia de la civilización de nuestro siglo desde su comienzo hasta nuestros días; en ese trabajo, en vez de ceder a la tendencia tan en boga que atribuye a la civilización de esta centuria un progreso universalmente floreciente, deberíase al fin no perder de vista la decadencia real de una civilización anterior de delicado espíritu; si se marcase exactamente ese carácter, no cabe duda de que se asignaría a Rossini con la misma exactitud el verdadero puesto que le corresponde y debe ocupar. Y el puesto no sería en modo alguno despreciable, porque Rossini pertenece a su tiempo en la misma proporción en que pertenecieron al suyo Palestrina, Bach y Mozart: si la época en que vivieron estos maestros fue una época de esfuerzos llenos de esperanza, y considerada en su plenitud original, una época de renovación, la de Rossini debería juzgarse probablemente según los propios dichos del maestro, esos dichos con que favorecía, merced a una recíproca confianza, a los que creía serios y sinceros, pero de que se retractaba, por lo visto, en cuanto se veía espiado por los aduladores y gorrones que lo rodeaban. Entonces, y solo entonces, se apreciaría a Rossini en su justo valor, y se le juzgaría según su propio mérito; lo que faltase a ese mérito en punto a perfecta nobleza, no se imputaría seguramente ni a sus talentos ni a su conciencia artística, sino a su público y al medio en que vivió, las dos causas precisamente que le hicieron difícil elevarse sobre su tiempo y participar de la grandeza de los verdaderos héroes del arte.

Hasta que se encuentre un historiador autorizado para esa empresa, no estaría de sobra prestar alguna atención a los documentos que contribuyen a rectificar tantos chistes, es decir, tanto lodo como a guisa de flores se arroja hoy en la tumba abierta del difunto maestro.

VIII Historia de una sinfonía (carta al editor Fritzsch)

Venecia, San Silvestre, víspera del año nuevo, 1882

En reconocimiento de sus buenos oficios, escuche hoy este relato, misterioso de todas veras.

Durante la última Navidad, celebré en Venecia el jubileo de la primera ejecución de una sinfonía mía, realizada hace medio siglo; esa sinfonía, escrita a los diez y nueve años por *mi propia mano,* se ejecutó entonces con una partitura de *otra mano que la mía,* por una orquesta compuesta de profesores y de alumnos del liceo San Marcelo, bajo mi dirección y en celebridad del cumpleaños de mi mujer.

Insisto en el hecho de que la partitura no estaba escrita por mi mano. Enlázase con esto una historia que transporta el asunto a las regiones del misterio... Así no será conocida más que de Vd.

Y ante todo, permítame exponer los hechos históricos.

En la era cristiana de Leipzig (¿hay alguno de mis conciudadanos que guarde memoria de todo esto?), lo que se llama el Gewandhaus-Concert era accesible hasta a los *debutantes* de mi *tendencia*. La admisión de obras nuevas dependía entonces de un digno anciano, el consejero áulico Rochlitz, que presidía la junta y hacía las cosas con mucha conciencia y escrupulosidad; Habiéndole sido presentada mi sinfonía, tuve que ir a ofrecerle mis respetos.

Cuando aparecí en persona, aquel hombre imponente se ajustó los anteojos y exclamó:-«¡Cómo! ¿Pero es Vd. un jovenzuelo? ¡Yo me esperaba un compositor de mucha más edad, a juzgar por su gran experiencia!»- Las cosas marchaban a maravilla: la sinfonía fue aceptada; pero se expresó el deseo de que antes la interpretase la *Euterpe* a guisa de ensayo.

Nada más fácil: yo estaba en buenas relaciones con esa orquesta de orden inferior, que había ejecutado ya una obertura mía en la antigua Schutzenhaus, fuera de la Puerta Pedro. En aquella época, sin embargo (Navidad de 1832), esos músicos habían trasladado sus cuarteles a la Casa de los sastres, cerca de la Puerta Tomás -pormenores que pongo a disposición de nuestros traficantes en chistes baratos-. Recuerdo que nos vimos en buenos apuros con la iluminación defectuosa de la sala; pero, en fin, nos las compusimos de modo que se viese lo suficiente para degollar mi sinfonía después de un ensayo, y de un ensayo que debía servir para el programa de un concierto entero.

Por mi parte, no disfruté gran cosa con mi obra, porque me parecía que no *sonaba* bien. ¡Pero ved la ventaja de tener fe! Enrique Laube, que disfrutaba entonces en Leipzig de la reputación de literato distinguido, y que era indiferente en absoluto a la manera como *sonaba* una obra, me había tomado bajo su protección; alabó calurosamente la sinfonía en su *Gaceta del gran mundo,* y ocho días después mi querida madre vio ascender mi obra desde la Casa de los sastres al Gewandhaus, donde se ejecutó una vez en circunstancias semejantes a las ya descritas. Por aquellos días recibí en Leipzig testimonios de benevolencia; gracias al ligero asombro que excitó mi obra y a la aprobación que mereció, pude encontrarme a mis anchas durante algún tiempo.

Ese buen tiempo no fue eterno, y más tarde las cosas tornaron otro giro. Me dediqué a la ópera; en el Gewandhaus comenzó algunos años después con la dirección de Mendelssohn una situación nueva *menos* cómoda y grata. Maravillado de los talentos del joven maestro, traté de acercarme a él durante la estancia que hice entonces en Leipzig (1834 o 1835). En aquella ocasión no sé qué singular sentimiento me indujo a presentarle o más bien a imponerle el manuscrito de mi sinfonía, rogándole, no que lo examinara, sino simplemente que lo conservase. «Después de todo -pensé- quizá le eche la vista y me diga algo.» Nada de eso. Pasaron los años, y las vicisitudes de mi profesión me aproximaron frecuentemente a Mendelssohn; nos encontramos, comimos juntos en Leipzig una vez, leímos música: él asistió en Berlín al estreno de *El holandés errante,* y opinó que no había sido un *pastel* completo, y que podía estar satisfecho del éxito; con motivo de una representación del *Tannhäuser* en Dresde declaró que le agradaba mucho una entrada en forma de *canon* en el adagio del segundo final; pero en cuanto a la sinfonía y al manuscrito, jamás dijo una palabra; por supuesto, era lo bastante para que yo no me informase de su destino.

Pasó el tiempo. Hacía ya mucho que había dejado de existir mi célebre y discreto protector, cuando algunos amigos míos tuvieron la idea de buscar esa sinfonía. Uno de ellos conocía al hijo de Mendelssohn, y se dirigió a él como heredero del maestro; pero este y otros pasos fueron estériles: el manuscrito se había perdido, o por lo menos no se veían rastros de él.

Al fin, un antiguo amigo me participó desde Dresde que se había encontrado allí una maleta llena de música; la había olvidado yo durante mis días azarosos. Entre esa música se descubrieron las partes de orquesta de mi sinfonía, copiadas a mis expensas por un copista de Praga. Esas partes volvieron a mi poder, y mi joven amigo Antonio Seidl se sirvió de ellas para componer una nueva partitura.

Al leer entonces esa partitura después de medio siglo, debía volver a pensar en la desaparición del manuscrito, y en los motivos de tal desaparición, probablemente los más naturales del mundo. Pero como sabía muy bien que la recuperación del manuscrito no podía tener más importancia que la de satisfacer una afectuosa costumbre doméstica, decidí dejar oír una vez más mi obra, aunque solo en la intimidad familiar.

El proyecto acaba de cumplirse en Venecia hace algunos días de la manera más feliz, y puedo manifestarle en algunas palabras las impresiones que entonces experimenté.

Permítame afirmar ante todo que me satisfizo mucho la interpretación de la orquesta del Liceo; ese resultado se debía sin duda al suficiente número de ensayos (cosa que se me negó en otro tiempo en Leipzig). Las dotes naturales de los músicos italianos para el acento y la expresión podrían desenvolverse excelentemente, si el gusto italiano quisiese interesarse por la música instrumental alemana.

Mi sinfonía pareció agradar de veras. A mí me interesaba bajo el punto de vista de la dirección típica seguida por todo genio *musical* en su camino hacia la verdadera independencia. Por lo que hace a los grandes poetas (Goethe y Schiller, por ejemplo) sabemos que las obras de su juventud permiten prever con gran claridad el carácter dominante de toda su vida de producción: *Werther, Götz de Berlichingen, Egmont y Fausto* fueron escritos, o por lo menos, claramente concebidos por Goethe al comienzo mismo de su carrera. No acontece lo propio con los músicos. ¿Quién adivinaría en sus primeras obras al verdadero Mozart, al legítimo Beethoven, con tanta certidumbre como reconocería al Goethe completo o al verdadero Schiller en las producciones de su juventud, que causaron una impresión universal?

No me propongo entrar en una discusión profunda sobre la diferencia extraordinaria entre el poeta, que contempla el mundo, y el músico que saca emociones de él. Séame lícito, sin embargo, establecer la siguiente distinción: la música es un arte esencialmente *artificial,* cuyas reglas hay que aprender, y donde no se llega al magisterio (es decir, a poder expresarse de una manera original y personal) sino aprendiendo una nueva lengua; mientras que el poeta puede expresar en su lengua materna desde el primer momento lo que hiere realmente su vista. El músico joven, después de haber batallado durante un tiempo suficiente con lo que se ha convenido en llamar la producción melódica, acaba por advertir con gran confusión suya que no ha hecho más que tartamudear las obras de sus modelos preferidos; suspira por la independencia, y su libertad data del día en que se hace perfectamente dueño de la forma. Así, el *melodista* antici-pado se hace *contrapuntista;* no se cuida ya de *melodías* sino solo de *temas* y de la manera de tratarlos; se deleita en los *strettos* de fuga, en la combinación de dos o tres motivos: hace orgías de contrapunto, agota todos los artificios imaginables. Todos los progresos realizados por mí en ese sentido (aunque sin renunciar a mis grandes modelos sinfónicos, Mozart, y sobre todo Beethoven), fueron los que asombraron al excelente Rochlitz cuando descubrió que el autor de la sinfonía era un joven de diez y nueve años.

En cuanto a mí, la resurrección de esa obra precoz me hizo pensar detenidamente en los verdaderos motivos por los cuales dejé de escribir sinfonías. La audición debía sorprender a mi mujer, y yo creí que valía más quitarle de antemano toda esperanza de encontrar ninguna huella de sentimiento en mi obra; si la producción llevaba alguna marca de Ricardo Wagner, sería a lo sumo la confianza ilimitada en sí mismo, que desde aquella época le impedía dudar de nada, y lo ponía completamente al abrigo de esa mezquina humildad, cuyo omnipotente influjo no tardó en nacer y desenvolverse entre los alemanes. Fundábase esa confianza, no solo en mi seguridad como contrapuntista (cualidad que después me fue discutida más que ninguna otra por un músico de la corte en Munich, por Strauss) sino también en una gran ventaja que llevaba a Beethoven. En efecto; aunque deteniéndome en el punto de vista de su segunda sinfonía, yo estaba entonces completamente familiarizado con la *Heroica* y las en *do menor* y *la mayor,* obras de que el maestro no tenía ninguna idea, o por lo menos, no tenía sino una idea muy vaga, cuando escribió su segunda sinfonía.

A despecho de temas principales, muy apropiados para el contrapunto, pero muy poco expresivos se aplaudió mi sinfonía como *obra de un joven,* designación a que yo debo añadir desgraciadamente el epíteto de *anticuada...*

Aunque sin este motivo jamás hubiese visto la luz seguramente sin el andante de la sinfonía en *do menor* y sin el *allegretto* de la sinfonía en *la mayor* de Beethoven me agradaba tanto en aquella época, que con motivo de la celebridad del Año Nuevo en Magdeburgo, me serví de él para dar un adiós melancólico al año transcurrido. Permítame utilizarlo *hoy* para el mismo objeto, despidiéndome de Vd.

Ricardo Wagner.

IX Carta a M. G. Monod

Sorrento, 25 de octubre de 1876

Mi muy estimado amigo: Hubiese debido responder antes a Vd.; pero no quería hacerlo deprisa, y esperaba tener un poco de tranquilidad. Esa tranquilidad hubiera debido encontrarla aquí, en Sorrento; mas no puedo disfrutar de ella sino a condición de olvidar las fatigas del último estío, y, para manifestarle la verdadera impresión que me ha causado su carta, hubiese tenido que pensar en la obra y en los acontecimientos que le movieron a escribir esa epístola.

Sin embargo, quizá el mejor modo de olvidar la representación del *Nibelungo* sea hablar a Vd. de una cuestión presentada bajo los más falsos colores en los artículos escritos sobre mi obra. Tengo tanto más interés en rectificar esos errores, cuanto que han alterado frecuentemente mis relaciones amistosas con diversos representantes de la nación francesa, algunos de ellos muy queridos para mí.

Veo que mis amigos franceses se consideran obligados de continuo a dar toda clase de explicaciones y excusas por las invectivas que se me atribuyen contra la nación francesa. Si fuese cierto que en cualquier época y bajo la impresión de sucesos desagradables, hubiese llegado a insultar al pueblo francés, sufriría las consecuencias sin preocuparme, toda vez que no tengo intención de hacer ninguna cosa en Francia. Pero sucede lo contrario. Los que quieran conocer mi pensamiento sobre el público parisiense que contribuyó al fracaso del *Tannhäuser* en la Gran Ópera, no tienen sino leer la reseña que hice poco después de ese episodio, y que se ha reproducido en el séptimo volumen de mis obras completas. Los que lean las páginas 189 y 190 dé ese volumen se convencerán de que, si he atacado a los franceses, no ha sido por mal humor contra el público de París. Pero ¿qué quiere Vd.? Todo el mundo cree las falsas interpretaciones con que extravían la opinión pública periodistas de mala fe; muy pocos van a la fuente para rectificar sus juicios.

Note Vd. que todo lo que he escrito sobre el espíritu francés lo he escrito en alemán, exclusivamente para los alemanes: es, pues, manifiesto que no he tenido intención de ofender ni provocar a los franceses, sino solo de apartar a mis compatriotas de la imitación de Francia, de invitarlos a permanecer fieles a su propio genio, si quieren hacer alguna cosa buena.

Una vez sola, en el prólogo de la traducción de mis cuatro óperas principales, me he explicado en francés sobre las relaciones de las naciones latinas con los alemanes, y sobre la diversa misión que en mi sentir corresponde a aquellas y a estos. Asignaba a los alemanes la misión de crear un arte ideal, a la vez que profundamente humano, bajo una nueva forma; pero no tenía la más mínima intención de rebajar por eso el genio de las naciones latinas, entre las cuales solo Francia ha conservado hasta hoy la fuerza creadora. ¿No hay, pues, nadie que sepa leer atentamente? Más aún: ¿no hay en la prensa actual quien tenga bastante inteligencia y penetración para reconocer que en el escrito que más se ha censurado, compuesto en el peor momento de la guerra, en una disposición de espíritu de amarga ironía, mi principal objeto era ridiculizar el estado del teatro alemán? Recuerde Vd. la conclusión de aquella farsa. Los directores de los teatros alemanes se precipitan sobre París sitiado a fin de llevarse a sus teatros respectivos todas las novedades en punto a música y baile.

¿Podía explicarme contra todo antagonismo artístico entre Alemania y Francia de una manera más precisa y expresiva que en el alegre banquete a que mis amigos franceses me han invitado en Bayreuth? He reconocido a los franceses un arte admirable para dar a la vida y al pensamiento, formas precisas y elegantes; he dicho, al contrario, que los alemanes me parecen torpes e impotentes cuando buscan esa perfección de la forma. Yo quisiera que cuando los franceses tratan de entrar en relaciones con las naciones extranjeras para renovar sus concepciones intelectuales, y huir del agotamiento y la esterilidad, y sobre todo cuando recurren a Alemania, quisiera, digo, que los alemanes pudiesen ofrecerles, no una caricatura de la civilización francesa, sino el tipo puro de una civilización verdaderamente original y alemana. Combatir desde este punto de vista la influencia del espíritu francés sobre los alemanes no es combatir el espíritu francés, sino poner de relieve lo que encierra de contradictorio con las cualidades propias del espíritu alemán, y cuya imitación sería funesta para esas cualidades nacionales.

¿Cuál es el defecto que más vivamente censuran a los compatriotas de Vd. los franceses más cultos y de un espíritu más libre? Es la ignorancia de lo extranjero y el menosprecio consiguiente por todo lo que no es francés. De ahí esa vanidad y esa arrogancia aparentes de la nación que debían ser castigadas en un momento dado. Pues yo añado que hay que disculpar ese defecto de los franceses, toda vez que en sus vecinos más próximos, los alemanes, no encuentran nada que pueda invitarlos a estudiar una civilización distinta de la suya. Todo lo que es exteriormente visible en la cultura alemana, lleva el sello de una tosquedad bárbara o de una servil imitación de Francia.

¡Y qué desdichada es esa imitación! ¡Qué ridícula debe parecer a los franceses esa caricatura de todas las cosas francesas! Nosotros nos servimos de palabras francesas que ningún francés comprende, mientras que hay en la lengua alemana voces que no conoce ningún escritor a la moda del día; porque, así como en aquellos galicismos tergiversan el idioma francés, así también desnaturalizan el propio, merced a esa costumbre de emplear términos que no entienden. Y lo que ocurre con la lengua, acaece asimismo con todas las demás manifestaciones de la vida intelectual y social. El que ve palmariamente ese deplorable estado de cosas, el que ha sufrido largo tiempo sus consecuencias y ha adquirido cada día una conciencia más clara de él, como yo, ese llega a desesperar al cabo de ver nacer nunca una forma de espíritu verdaderamente alemana y original; hoy en ninguna parte la descubre, y está tentado a creer que lo que ha anhelado tanto tiempo no es más que una ficción de su fantasía.

Pero lo importante para mí en mi experiencia reciente, es que la esperanza de que pudiese realizarse esa ficción me la han inspirado los extranjeros. Los ingleses y los franceses han juzgado mis representaciones de Bayreuth, para volver a ellas al fin con más inteligencia que la mayor parte de la prensa alemana. Creo que esa grata sorpresa es debida a que los ingleses y los franceses cultos están preparados por su propio desarrollo para comprender lo que hay de original y de individual en una obra que les era extraña hasta aquí. Usted mismo me lo prueba del modo más concluyente. Usted buscaba y esperaba algo distinto del espíritu francés, algo original, individual; lo ha comparado con lo que poseía en sí propio, y se ha enriquecido asimilándoselo. ¡Cuán recompensado me creeré con la convicción de que Vd. ha comprendido a fondo mi obra y mis esfuerzos! ¿Qué hubiera podido ofrecer a Vd., al contrario, si allá en París me hubiese doblegado en otro tiempo a las exigencias de la ópera francesa, asegurándome un puesto y quizá un éxito semejantes a los de algún otro músico alemán? Estoy seguro de que no hubiese podido escribir una sola ópera enteramente conforme al modelo parisiense. Así es que me considero dichoso por haber podido saludarle en mi modesto Bayreuth. Aquí he conseguido darle a conocer algo nuevo, que no hubiese podido ofrecerle en París.

Tan gratos resultados, por raros que sean, constituyen y constituirán mi recompensa única; un éxito mayor, un movimiento más grande en la misma Alemania, no lo espero ya. He permanecido más lejos de la esfera en que se encierra el movimiento intelectual de la Alemania contemporánea, que de las regiones donde me encuentro con los espíritus serios del extranjero, tan diferentes de esta llamada cultura alemana. Esa es quizá una prueba del carácter profundamente humano de mi arte, en que extranjeros y alemanes de poca penetración han pretendido no ver más que una tendencia estrechamente nacional.

Suyo afectísimo,
Ricardo Wagner.

X Carta al duque de Bagnera

Villa de Angri, 22 de abril de 1880

Señor duque: Ayer mismo hubiese recibido usted las líneas que tengo el gusto y el deber de dirigirle, expresándole mi gratitud, si no me hubiese creído obligado, por la confianza con que me honra Vd., a añadir a ellas la manifestación de un pensamiento serio sobre el sentido y la trascendencia que podrían tener para el arte dramático italiano los estudios musicales del Conservatorio de Nápoles. Ha surgido en mí ese pensamiento durante la audición de la opereta, en que vi manifestarse notables facultades, tanto de parte de los alumnos como del joven compositor. ¿Qué dirección -me preguntaba entonces- debería darse a disposiciones tan notorias? ¿Cómo prevenir su alteración al contacto con el amaneramiento teatral de nuestros días? ¿Cómo impedir, v. gr., que los cantantes se adelanten continuamente hacia el proscenio para declamar sus sentimientos al público? ¿Cómo hacer que un compositor joven tenga en cuenta su asunto, y no aplique efectos de óperas heroicas y trágicas a un idilio? ¿Cómo evitar sobre todo ese rebuscamiento del efecto por los medios más extraños al gran arte escénico? ¿Cómo inculcar, en fin, el sentimiento de la belleza de un modo imborrable en esas naturalezas jóvenes tan ricamente dotadas?

He buscado la respuesta a estas preguntas, sugeridas por la simpatía que me inspiraban todos los que tomaron parte en la ejecución, y puedo decir que la medito desde que abandoné el bello recinto donde he encontrado una acogida tan hospitalaria y lisonjera. He aquí ahora, señor Duque, lo que me dictan mis reflexiones.

Un estudio serio, profundo y constante de una obra de Mozart, como *Le Nozze di Figaro,* sería, en mi sentir, lo único capaz de poner a los alumnos de canto y de composición dramática en la vía que Vd. les hace seguir en la música vocal. De ese estudio resultarían naturalmente una declamación correcta, una enunciación pura de la melodía y un conocimiento exacto de los medios de instrumentación y de la oportunidad de su aplicación respectiva; y si un día ofreciese el Conservatorio una buena representación de la obra maestra que acabo de citar, no solo daría una lección a muchos teatros, sino que habría cumplido su misión, que consiste en prevenir a los alumnos contra la decadencia reinante, presentándoles los grandes ejemplos y haciéndoles cooperadores de los grandes maestros mediante la interpretación viva de sus creaciones.

Alumnos que conociesen exclusivamente obras del orden de la que acabo de nombrar, no podrían adquirir ninguno de los resabios que tanto abundan en los teatros, como ese olvido; v. gr., de lo que pasa en la escena para ocuparse del público y atraer sus aclamaciones mediante una cadencia final a grito herido. En cuanto a la tragedia, recomendaría, para empezar, las dos *Ifigenias* de Gluck, y para concluir, *La Vestal* de Spontini. Una vez bien estudiadas y conocidas esas obras, una vez analizadas sus cualidades y apreciado verdaderamente su mérito, el alumno se ejercitará por sí mismo, y Vd. estará seguro entonces de no verlo caer en las exageraciones y el amaneramiento que deshonran nuestra escena dramática presente, y son causa de que no conozcamos más que de oídas a los grandes cantantes que fueron en otro tiempo la gloria del teatro italiano. En el arte, como en la vida, hay buenas y malas compañías, y es deber de padres y maestros velar porque los jóvenes no tengan más que buenas compañías hasta que se hallen en situación de distinguir lo verdadero de lo falso, hasta que, armados de pies a cabeza, sean invulnerables a los tiros del efecto. Poco importa que frecuenten después lo que yo llamo la bohemia musical, porque, una vez que sean capaces de juzgarla y de clasificar sus productos, ganarán con su contacto el saber distinguir claramente lo que seduce al vulgo de lo que es bueno.

Es verdaderamente digno del Conservatorio de Nápoles, de sus altas tradiciones y de la distinción de sus actuales miembros dar el ejemplo de una estricta conciencia y presentar al público italiano, por intermedio de sus alumnos, no lo que acostumbra a encontrar en el teatro, sino precisamente lo que ya no encuentra allí: ¡el estilo! Yo he aplaudido ese ejemplo en el dominio de la música vocal y de la música *di camera*. Sobre todo, el coro del maestro flamenco, tan interesante y tan perfectamente ejecutado, y la pieza de Corelli, tan bien comprendida y tan bien interpretada, me animan a aconsejar a usted que aplique a la enseñanza de la música dramática el método que ya ha dado frutos y de que he podido juzgar, gracias a la benevolencia de que he sido objeto.

Me ha parecido, señor Duque, que solo una exposición seria de mis opiniones estaría a la altura del recibimiento con que ha tenido Vd. a bien honrarme. El señor bibliotecario y los señores profesores del Conservatorio, verán en estas líneas, si Vd. se digna comunicárselas, el valor que concedo a la acogida que se me ha dispensado y la profunda impresión que conservo de mi visita. En cuanto a los alumnos, también encontrarán el testimonio de los sentimientos que me inspiran a cambio de la calurosa simpatía que me atestiguaron.

Dígnese, pues, señor Duque, hacerse intérprete de todos estos sentimientos, y de aceptar, por su parte, con la reiteración de mi más viva gratitud, la seguridad de mi profunda y sincera estimación.

Ricardo Wagner.

ESCRITOS, (1834-1872)

LA ÓPERA ALEMANA*

Aún cuando hablamos y, sobre todo, oímos hablar de una música alemana, me parece, no obstante, que en el criterio sobre este particular impera un caos de conceptos similar a aquel en que se hallaba sumida la idea de la libertad a los ojos de los demagogos oscurantistas, chapados a la antigua, que contemplaban los logros de las modernas reformas extranjeras por encima del hombro, arrugando despectivamente la nariz, como hacen ahora nuestros chauvinistas entendidos en música. Es cierto que hay un campo musical que nos es propio y pertenece -y es concretamente el de la música instrumental-, pero no tenemos una ópera alemana, y el motivo

---

* El presente texto fue publicado originalmente sin firma, con el título «Die deutsche Oper», en el *Zeitung für elegante Welt*, el 10 de junio de 1834. La traducción al español está tomada de: *Escritos y confesiones* (trad. esp. Ramón Íbero), Barcelona, 1975.

de ello es el mismo por el que tampoco tenemos un teatro dramático nacional. Somos demasiado abstractos, demasiado leídos para alumbrar figuras humanas dotadas de calor. Mozart fue capaz; pero la belleza del canto con que dio vida a sus figuras humanas era italiana. Y como quiera que ahora se ha llegado de nuevo al extremo de despreciar aquella belleza, lo que hemos conseguido con ello ha sido alejarnos cada vez más del camino que, en parte, Mozart marcó a nuestra música dramática. Weber nunca supo tratar el canto y casi otro tanto puede decirse de Spohr. Pero, en realidad, el canto es el órgano a través del cual un ser humano puede expresarse dentro de la música, y si dicho órgano no ha alcanzado un perfecto desarrollo, se echa en falta de inmediato un lenguaje auténtico. En este aspecto, los italianos nos llevan, por cierto, una ventaja inconmensurable; para ellos, la belleza del canto es una segunda naturaleza y sus figuras humanas son tan ricas en manifestaciones sensoriales como pobres en contenido individual. Es cierto que, durante las últimas décadas, los italianos han incurrido en un abuso de esta segunda lengua natural parecido al de los alemanes con su ilustración; y, no obstante, nunca olvidaré la impresión que, en fecha recientísima, me produjo una ópera de Bellini, cuando estaba ya más que harto del aparato orquestal y sus eternas alegorías, y por fin se me ofrece de nuevo un canto sencillamente digno.

Glück fue quien marcó la dirección a la música francesa, pues, aunque era alemán, ejerció mucho menos influencia sobre nosotros que sobre los franceses. Éste sintió y vio lo que todavía les faltaba a los italianos, esto es, el significado individual de figuras y caracteres, que sacrificaron en aras de la belleza del canto. Glück creó la música dramática y se la legó a los franceses en propiedad. Estos la han seguido cultivando, y de Gréty a Auber la autenticidad dramática ha constituido uno de los principios capitales de los franceses.

El talento de Weber y Spohr, buenos compositores alemanes de ópera en los últimos tiempos, no basta para abordar el drama. El talento de Weber era puramente lírico, elegíaco el de Spohr, y cuando uno y otro se exceden en sus pretensiones, la técnica y la adopción de recursos anómalos tienen que ayudar a reemplazar aquello de que está falta su naturaleza. Es por esto que, sin ningún género de duda, la mejor música de Weber es su *Freischütz* (El Cazador furtivo), porque aquí se podía mover dentro de la esfera que le había sido asignada; el romanticismo de signo místico y esa gracia suave de las melodías populares pertenecen al campo de la lírica. Pero, contemplemos ahora su *Euryanthe*. ¡Qué mezquino dominio de la declamación, qué miedoso aprovechamiento de este y este instrumento para apoyar la expresión de una palabra cualquiera! En lugar de plasmar una sensación toda con un trazo único, resuelto y enérgico, trituró la impresión del todo con mezquinos detalles y abundantes minucias.

¡Cuán difícil le resulta dar vida a sus piezas de conjunto, cuán penosamente lento es el segundo final! Allí un instrumento, aquí una voz quieren decirnos algo trascendente y, a la postre, nadie sabe lo que dicen. Y como quiera que al final la gente tiene que reconocer que no ha entendido nada, todos encuentran al menos un consuelo considerándolo algo sorprendentemente *ilustrado* y, por tal motivo, digno de gran respeto. ¡Oh, desdichada *ilustración*, fuente de todos los males de Alemania!

Hubo un tiempo en Alemania, en el que no se conocía la música desde ningún otro lado que no fuera el de la ilustración; fue el tiempo de Sebastián Bach. Pero, entonces, era justo la forma en que uno se entendía normalmente, y Bach expresaba en sus profundísimas fugas algo tan grandioso como, ahora, Beethoven en su más libre sinfonía. La diferencia radicaba precisamente en que aquella gente no conocía forma otra alguna y en que los compositores de entonces eran en verdad ilustrados. Pero ahora ya no es así por lo que respecta a lo uno y a lo otro. Las formas se han hecho más libres, más amables; nosotros hemos aprendido a vivir, nuestros compositores ya no son en absoluto ilustrados y, lo que es aún más ridículo, se empeñan en presentarse como ilustrados. Al ilustrado de verdad no se le nota en lo más mínimo que lo es. Mozart, para quien la suprema dificultad del contrapunto se llegó a convertir en segunda naturaleza, alcanzó así su magnífica independencia; ¿quién pensará en su ilustración al escuchar el *Fígaro*? Pero tal como he dicho, esta es precisamente la cuestión: aquel era ilustrado, ahora se pretende *parecerlo*. No hay nada más erróneo que este empeño rabioso. Cualquier oyente se recrea en un pensamiento diáfano, melodioso: cuanto más comprensible le sea todo, tanto más prendido quedará de ello. El compositor lo sabe muy bien, pues ve con qué consigue sus efectos y el aplauso; además, le resulta incluso más fácil, ya que lo único que tiene que hacer es dejarse llevar; pero, no. El demonio alemán le tortura, ¡tiene que demostrar a la gente que él es también *ilustrado*! Y, no obstante, ni siquiera ha aprendido lo bastante como para mostrar algo en verdad ilustrado, razón por la que lo único que pone de manifiesto es su afectada ampulosidad. Si el compositor quiere envolverse en este nimbo de ilustrado, resulta tanto más ridículo que pretenda dar al público la impresión de que entiende y ama esta ilustración, de forma que la gente, que tan gustosa acude a escuchar una divertida ópera francesa, se avergüence de esta y en su desconcierto haga la chauvinista declaración de que podría ser algo más ilustrada.

Es éste un mal que, si responde de lleno al carácter de nuestro pueblo, también hay que erradicar; y él mismo acabará desintegrándose, pues es mera ilusión. No es mi deseo que la música francesa o italiana se imponga a la nuestra -lo que, por otra parte, habría que tratar como un nuevo mal-, pero debemos conocer lo *auténtico* de cada una de ellas y guardarnos de todo egoísta hipocresía. Debemos respirar por encima de la confusión que amenaza con oprimirnos,

quitarnos de encima una buena porción de afectado contrapunto, no tener visiones de hostiles quintas e inaccesibles
novenas y devenir, de una vez para siempre, seres humanos.
Únicamente si afrontamos el tema con más libertad y agili-
dad, podremos confiar en deshacernos de una vergüenza que
desde largo tiempo tiene presas nuestra música y, en especial,
nuestra música operística. ¿Por qué, si no, ha pasado tanto
tiempo sin que se abriera paso un compositor de óperas alemán? Porque nadie ha sabido hacer suya la voz del pueblo;
quiere decirse, porque no ha habido nadie capaz de captar
la vida auténtica, cálida, tal como es. ¿No es, en definitiva,
prueba evidente de que se desconoce el momento presente ponerse a escribir ahora oratorios en cuyos contenido y
forma ya nadie cree? Pues, ¿quién cree en la fraudulenta
rigidez de una fuga de Schneider por el solo hecho de que
haya sido compuesta, *ahora*, por Friedrich Schneider? Lo
que, por su misma autenticidad, nos parece digno de respeto
en Bach y Händel tiene que resultar necesariamente ridículo,
ahora, a nuestros ojos en Fr. Schneider, pues, digámoslo una
vez más, ya nadie le *cree*, ya que, en cualquier caso, lo que
dice no responde a un convencimiento propio. Tenemos
que aprehender el momento y tratar de construir nuevas y
robustas formas; y aquel que no escriba ni en italiano, ni en
francés -ni tampoco en alemán-, será el maestro.

La revolución[*]

Si miramos por encima de naciones y pueblos, descubrimos por doquier, en toda Europa, el hervir de un movimiento poderoso cuyas primeras sacudidas ya nos han alcanzado, cuya plena violencia amenaza con abatirse pronto sobre nosotros. Europa nos parece un gigantesco volcán, de cuyo interior emana un pavoroso rugido *in crescendo* permanente, de cuyo cráter se alzan al cielo columnas de humo oscuras, preñadas de tormentas y, cubriéndolo todo en derredor con noche, flotan sobre la tierra, en tanto que, aquí y allí, ríos de lava, rompiendo la dura costra, corren valle abajo, destruyéndolo todo, como mensajeros de fuego.

* Texto publicado en 1849 con el título *Die Revolution*. La traducción al español está tomada de: *Escritos y confesiones* (trad. esp. Ramón Íbero), Barcelona, 1975.

Parece como si una fuerza sobrenatural quisiera invadir nuestro continente, hacerlo saltar de su viejo curso e imponerle por la fuerza otro nuevo.

Sí, Lo admitimos, el viejo mundo se viene abajo, uno nuevo surgirá, pues la augusta diosa de la revolución llega, rugiendo, en alas de la tormenta, la cabeza majestuosa circundada de rayos resplandecientes, la espada en la diestra, la tea en la izquierda, el ojo de mirar sombrío, tan delator, tan frío y, sin embargo, ¡qué fuego de amor purísimo, qué plétora de dicha irradia hasta aquel que se atreve a escrutar con mirada firme este ojo oscuro! Ella, madre eternamente rejuvenecedora de la humanidad, llega rugiendo y pasa, destruyendo y bendiciendo sobre la tierra y delante de ella, ruge la tormenta y sacude todo lo compuesto por el hombre con tal violencia que nubes grandiosas llenan los aires oscureciéndolo todo con su polvo, y allí donde pone su pie poderoso se viene abajo, hecho ruinas, lo construido en vanidosa locura para miles de años, y la orla de su ropaje abate los últimos restos.

Y, sin embargo, detrás de ella se abre a nosotros, iluminado por amorosos rayos de sol, un paraíso de dicha nunca imaginado, y allí donde se posa su pie destructor brotan del suelo flores fragantes, y jubilosos cantos de la humanidad liberada inundan los aires todavía cargados por el estruendo de la lucha.

Ahora, mirad aquí abajo, en torno a vosotros. Ved ahí a ese, al poderoso príncipe, ved cómo, con su corazón de miedoso latido, con la respiración entrecortada y aparentando, no obstante, una expresión serena, fría, intenta ocultarse a sí mismo y a otros algo que él sabe diáfano e inexorable. Ved ahí al otro, con el rostro de pergamino surcado por todos los vicios, ved cómo muestra y pone en juego con febril actividad todas sus pequeñas artimañas, artimañas que le han proporcionado más de un titulillo, más de una crucecita, ved cómo, con expresión misteriosa, sonrisa diplomática, intenta insuflar calma a la damita que, miedosa, echa mano a su frasco de perfume y a ese señorito que castañea los dientes, con ayuda del comunicado semioficial de que las personas en los cargos más elevados han accedido a prestar su atención a este fenómeno extraño, que han partido correos con reales órdenes hacia distintos puntos, que hasta el informe del sabio artista de la administración pública, Metternich, está en camino, procedente de Londres, que las autoridades responsables han recibido instrucciones de todas partes y que, en suma, a la alta sociedad se le dispensará la interesante sorpresa de poder contemplar con los ojos de la cara a esta temida vagabunda que es la Revolución -naturalmente, en una jaula de hierro y cargada de cadenas-, en el próximo baile de palacio. Ved allí al tercero, ved cómo, especulante, contempla la proximidad del fenómeno, corre a la bolsa, sopesa y calcula la subida y bajada de los papelitos, regatea y ofrece, y trata por todos los medios de obtener aún un pequeño porcentaje, hasta que, de repente, toda su quincalla salta por los aires. Ved ahí, detrás de la mesa escritorio cubierta de polvo cómo ha quedado arrinconada una de las ruedas resecas, oxidadas de nuestra actual máquina estatal, cómo rasga con su vieja, embotada y persiste en su empeño de aumentar el viejo montón del orden mundial burocrático. Como plantas secas yacen, entre estos haces de documentos y contratos, los corazones de la humanidad viva y se convierten en polvo dentro de esta cámara de suplicios modernos. Allí reina febril actividad, pues la red tendida sobre las naciones presenta bastantes roturas, y las sorprendidas arañas cruceras, ved cómo se revuelven y tejen y entretejen nuevos hilos para atrapar de nuevo a lo que ha caído en su trampa. Allí no penetra rayo de luz alguno, allí reina noche y oscuridad eternas y, en noche y en oscuridad, se sumergirá todo sin dejar huella.

Pero de aquel lado, de allí viene clara música de guerra, resplandecen espadas y bayonetas, pesados cañones se mueven de un lado a otro con estrépito, y las filas de los ejércitos, densas y prietas, se van acercando. La legión de bravos héroes se ha desplegado para dar la batalla a la Revolución. El general en jefe ordena que se dirijan hacia la derecha y la izquierda, y coloca aquí a los cazadores, allí la caballería, y distribuye, de acuerdo con un sabio plan, las largas columnas del ejército y la aniquiladora artillería; y la Revolución, la cabeza en lo alto de las nubes, viene corriendo, y ellos no la ven y esperan al enemigo; y se encuentra ya en medio de ellos, y ni aún así la ven, y siguen esperando al enemigo; y los ha atrapado en su violento torbellino y ha disuelto las hileras y convertido en polvo la fuerza acumulada artificialmente, y el general en jefe, sentado aquí, examina el mapa y calcula por qué lado va a venir el enemigo y cuál es su fuerza y cuándo se presentará. Pero, ved allí un rostro vencido por miedo: es un ciudadano honesto, laborioso. Ha luchado con ahínco y producido durante toda su vida, ha mirado honestamente por el bienestar de todos hasta donde alcanzaban sus fuerzas; ninguna lágrima, ninguna injusticia aparece prendida al óbolo aportado por su provechosa actividad. Él sentía perfectamente la proximidad de la tormenta, él reconoce perfectamente que ninguna fuerza puede protegerle, pero, no obstante, su corazón se lamenta; él mira hacia atrás, a su existencia preñada de miserias, cuyo único fruto es entregado ahora a la destrucción. No tenemos derecho a condenarle porque se aferre miedoso a su tesoro, porque se oponga, en ciega fiebre, con todas sus fuerzas -y sin éxito alguno- a lo que irrumpe. ¡Desgraciado de ti! ¡Levanta los ojos, mira hacia allí donde, sobre las colinas, congregados miles y miles, aguardan con jubilosa tensión el nuevo sol! Contémplalos; son tus hermanos, hermanas tuyas, son las multitudes de esos pobres, de esos menesterosos que, hasta el momento, no han conocido nada de la vida que no sea el dolor, que eran extraños en esta tierra de alegría; todos ellos esperan la Revolución, que a ti te asusta, como su liberadora de este mundo de llanto, como la creadora de un mundo nuevo dichoso para todos. Mira hacia allí: de las fábricas salen gentíos; han trabajado y creado materias maravillosas, ellos y sus hijos están desnudos, tiemblan de frío y sufren hambre, pues el fruto de su trabajo no les pertenece a ellos, sino al rico y al poderoso que llama suyos a los seres humanos y a la tierra. Mira, allí se congregan, vienen de las aldeas y caseríos; ellos son los que han cultivado la tierra y convertido en alegre jardín, y la abundancia de fruto, suficiente para todos los que viven aquí, recompensó sus esfuerzos; y, sin embargo, son pobres y están desnudos y padecen hambre, pues la bendición de la tierra no es para ellos y para los demás que están necesitados; la tierra pertenece únicamente al rico y al poderoso, que llama suyos a los hombres y a la tierra. Todos ellos, los cientos de miles, los millones acampan en las alturas y miran hacia la lejanía, donde la nube creciente denuncia la proximidad de la Revolución liberadora, y todos ellos, a los que ya no queda nada que lamentar, a los que les han robado incluso los hijos para convertirlos, mediante oportuna formación, en bravos carceleros de sus padres, cuyas hijas recorren, cargadas de vergüenza, las calles de las ciudades, víctimas de las bajas pasiones del rico y del poderoso, todos ellos con los rostros demacrados, marcados por el dolor, los miembros torturados por el hambre y el frío, todos aquellos que nunca conocieron la alegría, acampan allí, en las alturas y, temblando en angustiosa espera, contemplan con atenta mirada el fenómeno que se va aproximando y escuchan en silencioso recogimiento el rumor de la tormenta que avanza trayendo a su oído el saludo de la Revolución.

«¡Yo soy la eternamente rejuvenecedora, la eternamente creadora vida! ¡Donde no estoy yo, allí está la muerte! ¡Yo soy el sueño, el consuelo, la esperanza del doliente! Yo destruyo lo que subsiste y adonde yo voy, nueva vida brota de la roca muerta. Vengo a vosotros para romper las cadenas que os aprisionan, para salvaros del abrazo de la muerte e insuflar vida joven a vuestros miembros. Todo lo que existe tiene que desaparecer; esta es la eterna ley de la naturaleza, esta es la condición de la vida, y yo, la eternamente destructora, llevo a cabo la ley y creo la vida eternamente joven. Yo quiero destruir, desde sus cimientos, el orden de las cosas en el que vivís, pues este orden ha surgido del pecado, su flor es la miseria y su fruto el delito; pero la siembra está madura y yo soy el segador. Yo quiero destruir toda locura que tiene poder sobre los hombres. Yo quiero destruir el dominio de uno sobre los demás, de los muertos sobre los vivos, de la materia sobre el espíritu; quiero acabar con el poder de los poderosos, de la ley y de la propiedad. Que sea la propia voluntad el señor del hombre, el propio placer su única ley, la propia fuerza su propiedad toda, pues lo único sagrado que hay es el hombre libre, y no hay nada más elevado que él. Que sea destruida la locura que confiere a uno potestad sobre millones, la locura que convierte a millones en vasallos de la voluntad de uno solo, la locura que aquí enseña: uno tiene el poder de hacer felices a los demás. Lo igual no debe dominar sobre lo igual, lo igual no tiene superior fuerza que lo igual, y toda vez que vosotros todos sois iguales, quiero destruir toda potestad de uno sobre otros.

Que sea destruida la locura que otorga a la muerte potestad sobre la vida, al pasado sobre el futuro. La ley de los muertos es su propia ley, comparte el destino de ellos y muere con ellos, no debe dominar la vida. La vida es ley de sí misma. Y por ser ley para los vivos y no para los muertos y por ser vosotros vivos y no haber nadie por encima de vosotros, vosotros mismos sois la ley, vuestra propia libre voluntad la única ley suprema, y yo quiero destruir la potestad de la muerte sobre la vida.

Que sea destruida la locura que hace el hombre vasallo de su propia obra, de la propiedad. El supremo bien del hombre es su fuerza creadora, es la fuente de la que brota eternamente toda felicidad, y vuestro auténtico, supremo goce no radica en lo producido, sino en el mismo producir, en poner a prueba vuestra fuerza. La obra del hombre es inánime, lo vivo no debe unirse con lo inánime, no debe hacerse súbdito suyo. Por eso hay que destruir la locura que frena el placer, que frena la fuerza libre, que crea propiedad fuera del hombre y le convierte en siervo de su propia obra.

Mirad, desventurados, esos campos benditos que ahora cruzáis como siervos, como extraños.

Debéis vagar libremente por ellos, libres del yugo de los vivos, libres de las ligaduras de los muertos. Lo que la naturaleza ha creado, los hombres cultivado y convertido en jardines fructíferos pertenece a los hombres, a los necesitados, y nadie tiene derecho a venir diciendo: «A mí solo pertenece todo esto, y vosotros, todos los demás, sois únicamente huéspedes, que yo soporto en tanto me dé la gana y me proporcionéis beneficios, y a los que arrojo de aquí cuando me viene en gusto. ¡Me pertenece lo que la naturaleza ha creado, el hombre ejecuta y el vivo necesita!». Que sea arrasada esta mentira, solo a la necesidad pertenece lo que satisface, y la naturaleza y vuestra propia fuerza ofrecen suficientes satisfacciones. Ved allí las casas en las ciudades y todo lo que divierte y alegra al hombre, por donde tenéis que pasar como extraños; el espíritu y la fuerza del hombre lo ha creado, y por eso pertenece a los hombres, a los vivos, y nadie tiene derecho a venir diciendo: «A mí me pertenece todo lo que los hombres crean con su laboriosidad. Yo solo tengo derecho sobre ello, y los otros lo disfrutan únicamente en tanto en cuanto yo quiero y me proporcionan beneficios». Que sea destruida la mentira, el fraude a los otros: pues lo que ha sido creado por la fuerza de la humanidad, esto pertenece a la humanidad para su libre, ilimitado disfrute, como todo lo demás que hay sobre la tierra.

Quiero destruir el existente orden de las cosas, un orden que divide a la humanidad en pueblos rivales, en poderosos y débiles, en hombres con derechos y hombres sin derechos, en ricos y pobres, pues lo único que hace con todos ellos es convertirlos en desgraciados. Quiero destruir el orden de las cosas que convierte a millones en esclavos de unos pocos y a estos pocos en esclavos de su propio poder, de su propia riqueza. Quiero destruir el orden de las cosas que separa el disfrute del trabajo, que convierte el trabajo en carga, el goce en vicio, que convierte a un hombre en miserable bien por exceso o por defecto. Destruyamos este orden de las cosas, que consume las fuerzas del hombre al servicio del imperio de los muertos, de la materia inanimada, que mantiene a la mitad de los hombres en la inactividad o en estéril actividad, que fuerza a cientos de miles a entregar su robusta juventud a la lucrativa ociosidad del soldado, del funcionario estatal, del especulador y del fabricante de dinero, para mantener estas repudiables condiciones, mientras la otra mitad tiene que mantener todo el edificio de la vergüenza con el esfuerzo excesivo de sus fuerzas y la renuncia a todo disfrute de la vida. Quiero destruir hasta el recuerdo de toda huella de este disparatado orden de las cosas, hecho de violencia, mentira, dolor, hipocresía, miseria, llanto, sufrimiento, lágrimas, engaño y delito, y del que brota, solo rara vez, una corriente de aire impuro, pero casi nunca un rayo de alegría pura. Que sea destruido todo lo que os oprime y hace sufrir y que de las ruinas de este mundo viejo surja uno nuevo, lleno de felicidad nunca imaginada. Que no haya entre vosotros, en lo sucesivo, ni odio, ni envidia, ni animosidad y enemistad; como hermanos os debéis reconocer todos los que aquí vivís, y libres, libres en querer, libres en hacer, libres en disfrutar, debéis descubrir el valor de la vida. Por eso, ¡arriba, pueblos de la Tierra! ¡Arriba, vosotros los que os lamentáis, los oprimidos, los pobres!

¡Arriba, también vosotros, los que pretendéis encubrir en vano la penuria interior de vuestro corazón con el brillo vanidoso del poder y de la riqueza! Seguid en variopinta mezcolanza multitudinaria mi huella, pues yo no hago distingos entre los que me siguen. A partir de ahora, solo habrá dos pueblos: uno que me sigue, otro que está contra mí. Al uno lo llevo a la felicidad, sobre el otro paso destruyéndolo todo, pues yo soy la Revolución, soy la vida eternamente creadora, soy el único dios, al que todos los seres reconocen, que abarca, anima y hace feliz a todo cuanto es.

Y ved las multitudes sobre las colinas; están arrodilladas en silencio; escuchan en mudo arrobamiento y, como el suelo abrasado por el sol absorbe las refrescantes gotas de agua que trae la lluvia, así vosotros recogéis en vuestro corazón endurecido por el llanto abrasador el sonido de la tormenta que ruge, y nueva vida fluye por vuestras venas. La tormenta -en sus alas la Revolución- se acerca cada vez más; los corazones reanimados de los devueltos a la vida se abren de par en par y la Revolución penetra, victoriosa, en sus cerebros, en sus huesos, en su carne, y los inunda por completo. En divino entusiasmo se elevan de la tierra; ya no son los pobres, los hambrientos, los abatidos por la miseria; orgullosa se eleva su figura, su rostro ennoblecido irradia entusiasmo, de sus ojos emana un brillo deslumbrante, y al grito de «¡Yo soy un ser humano!», que conmueve al cielo, se precipitan los millones de seres, la Revolución viviente, el hombre devenido dios, sobre valles y llanuras, y anuncian a todo el mundo el nuevo evangelio de la felicidad.

El judaísmo en la música*

En la *Neue Zeitschrift*, se habló últimamente de un gusto artístico hebreo; esta expresión no podía dejar de provocar un ataque y una defensa. Me parece de suma importancia estudiar desde más cerca el fondo de este asunto, del cual la crítica solamente se ocupo en forma indirecta, o bajo la influencia de la pasión. No se trata aquí de decir algo novedoso, sino más bien de explicar la impresión inconsciente de repulsión intima que se manifiesta en el pueblo contra el espíritu judío, expresando así claramente una realidad existente. No se tratará, de ninguna manera, de dar vida artificial a algo irreal por la fuerza de la imaginación. La crítica des-

---

* El presente texto fue publicado originalmente en dos partes, con el título *Das Judentum in der Musik*, en el *Leipziger Musikzeitung* (3 y 6 de septiembre de 1850). En esta primera versión, además, el autor firmaba como K. Freigedank. La traducción al español está tomada del número 1 de *Wagneriana*, de 1977.

179

conoce su misión cuando, en el ataque o la defensa, quiere actuar en otra forma.

Como en estas páginas vamos a buscar el motivo de la aversión popular que se manifiesta, aún en nuestros días, hacia el elemento judío, únicamente en lo que respecta al arte y sobre todo a la música, no examinaremos este fenómeno en el campo de la religión y de la política. Desde hace mucho tiempo, en cuanto a la religión, los judíos ya no son para nosotros enemigos odiosos, gracias a todos los que, en el mismo seno de la religión cristiana, se atrajeron el odio popular.

En el terreno de la política pura, no estamos en conflicto real con los judíos; hasta les hemos acordado la facilidad de fundar un reino en Jerusalén, y en cuanto a esta materia, tuvimos que lamentar que el Sr. Rothschild sea demasiado inteligente para convertirse en Rey de los judíos, y haya preferido, al contrario, como se sabe, quedar como el judío de los reyes.

No es lo mismo allí en donde la política se convierte en una cuestión social: la situación particular de los judíos provocó desde hace tiempo nuestra necesidad humana de justicia, a partir del momento en que se despertó en nosotros la conciencia más clara de nuestra aspiración hacia la liberación social. Pero cuando luchábamos por la emancipación de los judíos, combatíamos más bien por un principio abstracto que por un caso determinado. Del mismo modo que todo nuestro liberalismo no era más que el juego de un espíritu un poco nebuloso, cuando defendíamos al pueblo sin conocerlo, y aún evitando todo contacto con él, nuestro celo en reclamar la igualdad para los judíos era más el resultado de una excitación producida por un estado de espíritu general que de una real simpatía; y a pesar de todos nuestros discursos y de todos nuestros escritos en favor de la emancipación de los judíos, sentíamos siempre, en nuestro contacto material y práctico con ellos, una repulsión involuntaria.

Llegamos aquí al punto que nos acerca a nuestro tema: debemos explicarnos la repulsión involuntaria que nos provoca la persona y la manera de ser de los judíos, a fin de justificar esta aversión instintiva que, lo sabemos claramente, es más fuerte y más poderosa que nuestro ardor consciente por liberarnos de ella.

Aún ahora nos ilusionamos deliberadamente en este aspecto, cuando creemos deber declarar ilícito e inmoral el hecho de dar curso públicamente a nuestra aversión natural hacia el elemento israelita. Hace solo poco tiempo que pareciera que comenzamos a comprender que es más razonable liberarnos de la traba que significa esta auto-ilusión y examinar a sangre fría el objeto de nuestra pretendida simpatía, con el fin de explicarnos esta aversión que persiste pese a todas nuestras ilusiones liberales.

Descubrimos entonces, con extrañeza, que en nuestras luchas liberales planeábamos en el espacio y combatíamos en las nubes, en tanto que el suelo magnífico de la realidad encontraba un poseedor que se divertía mucho con nuestros saltos peligrosos, pero que nos consideraba demasiado insensatos como para resarcirnos de la realidad que usurpaba. Insensiblemente, el «acreedor de los reyes», se convirtió en el «rey de los creyentes», y hoy encontramos extremadamente cándido el pedido de emancipación de ese rey, cuando somos nosotros quienes nos encontramos en la necesidad de luchar para emanciparnos de los judíos.

En el orden presente de las cosas de este mundo, el judío ya está más que emancipado: reina y reinará mientras que el dinero siga siendo la potencia contra la cual se estrelle toda nuestra actividad y todos nuestros esfuerzos. De qué manera la histórica miserabilidad de los judíos y el grosero pillaje de los poderosos cristiano-germanos hicieron que esta potencia haya pasado a propias manos de los hijos de Israel, es cosa inútil de exponer aquí.

Pero de qué modo la imposibilidad en que nos encontramos de producir en las artes, dada la base actual de su desarrollo, todo lo que sea natural, necesario y realmente hermoso, sin un vuelco radical, ha entregado hasta el gusto artístico público en las manos industriosas de los judíos, es lo que ahora vamos a examinar. El tributo que el siervo pagaba antiguamente, entre la tortura y la miseria, a los amos del mundo romano y de la edad media, el judío la ha transformado hoy en dinero: y ¿quién es el que nota que esos pequeño trozos de papel, con aspecto inocente, están manchados con la sangre de innumerables generaciones? Lo que los héroes del arte, pagando el alto precio de esfuerzos que devoran el placer y la vida, arrancaron al demonio enemigo del arte en veinte siglos de infortunio, el judío hoy en día hace de ello un tráfico de arte comercial: ¿quién se da cuenta que las débiles producciones amaneradas del arte actual están hechas con el esfuerzo desesperado del genio de veinte siglos?

No necesitamos dar la prueba de que el arte moderno se ha judaizado; el hecho salta a la vista. Tendríamos que remontarnos demasiado alto si quisiéramos encontrar las pruebas en la historia de nuestro arte. Pero, si bien comprendemos que lo más urgente es emanciparnos de la opresión judía, debemos reconocer que la cosa más importante es estimar nuestras fuerzas en vista de esta lucha en pro de la liberación. No sacaremos estas fuerzas de una definición abstracta de este fenómeno, sino de un conocimiento exacto de la naturaleza de ese sentimiento innato e involuntario que se manifiesta en nosotros por una repugnancia instintiva hacia el elemento judío: ese sentimiento invencible nos revelara, si lo reconocemos francamente, lo que odiamos en ese elemento. A lo que conozcamos con precisión, podremos presentarle lucha; hasta es permitido esperar que ante su sola presencia se logre ahuyentar al demonio del terreno en que solamente consigue mantenerse gracias a la semi-oscuridad

de que nosotros mismos, buenos humanitarios, lo rodeamos
para hacer que su vista nos resulte menos repugnante.

El judío que, como es sabido, tiene su Dios muy particular, nos sorprende primero, en la vida ordinaria, por
su aspecto exterior; a cualquier nacionalidad europea que
pertenezcamos, él presenta algo desagradablemente extraño
a esa nacionalidad: involuntariamente deseamos no tener
nada en común con un hombre que tiene esa apariencia.
Hasta el presente, esa particularidad era considerada como
un infortunio para el judío; pero en estos tiempos, debimos
reconocer que a él no le molestaba; después de sus existas,
le es permitido considerar como una superioridad lo que le
diferencia de nosotros. Sin tener en cuenta el lado moral del
efecto producido por esta fantasía caprichosa de la naturaleza, nos limitaremos a decir aquí, desde el punto de vista
artístico, que ese aspecto físico no nos parecerá nunca un
objeto que el arte pueda producir: cuando el arte plástico
quiere representar a judíos, saca casi siempre sus modelos de
la imaginación, ennobleciéndolos prudentemente o supri-
miendo todo lo que en la vida ordinaria caracteriza para
nosotros precisamente la fisonomía judía. Nunca el judío
se aventura sobre un escenario teatral: las excepciones a esta
regla son muy raras y con una particularidad tal que no
hacen más que confirmarla. No podemos imaginar sobre la
escena a un personaje antiguo o moderno, ya sea un héroe,
ya un enamorado, representado por un judío, sin sentir

involuntariamente todo lo impropio, que llega hasta el ridículo, de una tal idea. Esto es muy importante: No podemos considerar como susceptible de manifestarse artísticamente a un hombre cuyo aspecto exterior juzgamos que es impropio para una realización artística, no solamente en tal o cual personaje, sino en general, y a causa de su raza.

Es incomparablemente más importante, y hasta decisivo, tomar en consideración el efecto producido por el judío sobre nosotros, por su lenguaje; y es precisamente desde ese punto de vista esencial que se logrará desentrañar la causas de la influencia judaica en la música.

El judío habla la lengua de la nación en la que vive, y en la que vivieron varias generaciones anteriores a él, pero la habla siempre como un extranjero. Como lo que nos importa aquí es encontrar las razones de este fenómeno, no podemos acusar a la civilización cristiana de haber mantenido al judío en su aislamiento huraño; y no buscamos tratar los resultado de este aislamiento de los judíos.

Nuestra única meta es poner en evidencia el carácter estético de esos hechos. En primer lugar, el hecho de que el judío solo hable las lenguas Europeas modernas como lenguas aprendidas y no como una lengua materna, debe en general impedirle toda facultad de expresarse en cada una de ellas conforme a su genio, con originalidad y personalidad. Una lengua, así como su facultad de expresión, no es la obra de individuos, sino de una comunidad histórica: solamente el que ha crecido inconscientemente en esta comunidad toma parte, él también, en sus creaciones. Pero el judío se mantenía fuera de tal comunidad, solo con su Jehová, en una raza y en una tribu dispersa y desarraigada, a la que toda evolución debía serle negada y cuya lengua particular (el hebreo) debía quedar en una lengua muerta. Hasta aquí siempre fue imposible, aún para los más grandes genios, hacer obra de verdadero poeta en una lengua extranjera; por otra parte, toda nuestra civilización y todo nuestro arte europeo han quedado para el judío una lengua extranjera; el infortunado, sin patria, fue a lo sumo un espectador frío, hasta hostil, de la formación de aquella así como del desarrollo de éste, de los cuales no participo. En esta lengua, en este arte, el judío solamente puede repetir, imitar, pero no hablar realmente como poeta, ni tampoco crear obras de arte.

Lo que nos repugna particularmente es la expresión física del acento judío. La civilización no logró, a pesar de un contacto de dos mil años con las naciones europeas, vencer la persistencia sorprendente de lo judío nativo en lo que respecto a las particularidades del acento semítico. Nuestro oído se ve afectado de manera extraña y desagradable por el sonido agudo, chillón, seseaste y arrastrado de la pronunciación judía: un empleo de nuestra lengua nacional complemente impropio y una alteración arbitraria de las palabras y de los modismos dan a su modo de hablar el carácter de una farfulla confusa e insoportable, y nos obliga durante una conversación, a prestar más atención a ese cómo desagradable del hablar judío que a su qué. Hay que reconocer y retener la importancia excepcional de este hecho para explicar la impresión que nos hacen las obras musicales de los judíos modernos. Cuando oímos hablar a un judío, la ausencia de toda expresión puramente humana en su discurso nos hiere a pesar nuestro: la fría monotonía de su farfullaje especifico no se eleva en ninguna circunstancia hasta el acento animado de la pasión. Si sucede que seamos nosotros los que nos animemos al hablar con un judío, siempre se escabulle ya que es incapaz de replicar en el mismo tono. El judío jamás se anima en un intercambio de impresiones con nosotros, solamente lo hace cuando interviene el interés puramente egoísta de su vanidad y de su provecho; y esta animación, dado el acento caricaturesco de su lenguaje, produce siempre un efecto ridículo y no despierta en nosotros ninguna simpatía por el interlocutor.

Aunque debamos admitir que en sus relaciones personales, y sobre todo en la familia, en donde el sentimiento puramente humano se revela, los judíos logran ciertamente dar a sus sentimientos una expresión adecuada al manos para ellos, no lo tendremos en cuenta aquí, ya que solo hacemos comparecer el judío que nos habla directamente en el comercio de la vida y del arte.

Si como lo hemos mostrado, su lenguaje impide casi completamente el judío expresar sus sentimientos y sus ideas por medio del discurso, con más razón una manifestación semejante le resultaría imposible por el canto. El canto es el discurso llevado al más alto grado de la pasión; la música es la lengua de la pasión. Si al judío le sucede de elevar el tono de su discurso hasta el canto, su animación nos parece ridícula, y como nunca toma el acento de una pasión susceptible de emocionarnos, se nos convierte en absolutamente insoportable. Todo lo que nos disponía en su exterior físico y en su lenguaje, lograría que al cantar saliéramos huyendo, si no fuera que la bufonería de ese fenómeno nos retendría.

Es natural que la aridez natural de la naturaleza judía alcance su apogeo en el canto, considerado como el medio de expresión más vivaz y más incuestionablemente verdadero de la sensibilidad individual; y de acuerdo a la naturaleza de las cosas deberíamos negar al judío toda capacidad artística en todos los campos del arte, y no solamente en el que tiene por base al canto.

La facultad de concepción concreta de los judíos no les ha permitido nunca ver surgir entre ellos a artistas plásticos. En todo tiempo su vista se intereso en cosas más practicas que la belleza y la sustancia ideal del mundo de las formas. Según creo, en nuestros días nunca hemos oído hablar de un arquitecto o de un escultor judío: dejo que los árbitros de la profesión decidan si los pintores modernos de origen judío fueron realmente creadores en su arte; pero es muy probable que esos artistas no hayan podido, en el arte plástico, adoptar otra posición que la tomada en la música por los compositores judíos modernos, posición que trataremos ahora de precisar.

El judío, que es incapaz de revelarse artísticamente a nosotros, por su apariencia exterior y por su lenguaje, con más razón por su canto, a pesar de eso logró imponerse en el gusto popular en cuanto a la música, que es la categoría del arte moderno más difundida. Examinaremos primero, para poder explicarnos este fenómeno, de qué modo fue posible al judío convertirse en músico.

A partir del momento de nuestra evolución social en que cada vez más abiertamente, el dinero confiere nobleza y da realmente poder, ya no fue posible negar a los judíos los que hasta entonces tenían un único oficio, el de obtener ganancias sin trabajo verdadero, es decir, la usura, el título de nobleza de la sociedad moderna ávida de dinero, a que por otra parte, lo aportaban ellos mismos.

Nuestra cultura moderna, que solo es accesible para el hombre de fortuna, no les resulta algo prohibido sobre todo teniendo en cuenta que había caído el punto de convertirse en un artículo comercial de lujo. A partir de entonces, aparece en nuestra sociedad el judío cultivado, cuya diferencia con el judío inculto y grosero debe subrayarse. El judío cultivado se tomó todo el trabajo posible para despojarse de las señas características de sus vulgares correligionarios: en muchos casos juzgó necesario para alcanzar su meta, ayudarse por medio del bautismo cristiano para lavar todo rastro de su origen. A pesar de todo se celo no recogió los beneficios esperados, y solamente contribuyó a aislar completamente al judío cultivado haciendo de él un hombre seco, árido, a tal punto que perdimos nuestra antigua simpatía por él y por el destino trágico de su raza.

En compensación del lazo que lo unía a sus antiguos compañeros de sufrimiento, y que había roto orgullosamente, le fue imposible anudar otros con la sociedad a la que se izaba. Solamente está en comunión con lo que necesitaban su dinero; pero el dinero nunca logró aunar vínculos fecundos entre los hombres. Extranjero e indiferente, el judío cultivado s encuentra en medio de nuestra sociedad, que no comprende, con las tendencias e inclinaciones con las que no simpatiza, y cuya historia y evolución le han quedado cerradas.

En esa situación, hemos visto surgir pensadores de entre los judíos: el pensador es un poeta que mira detrás suyo; pero el verdadero poeta es el profeta anunciador del porvenir. A semejante papel de poeta lo habilita la simpatía más profunda y ardiente con una gran comunidad que persigue las mismas metas, de las que el poeta, según su propio genio, revela justamente la expresión inconsciente. Excluido totalmente de esta comunidad por la naturaleza misma de su situación y habiendo roto todo lazo con su propia raza, la cultura adquirida y pagada del judío cultivado no podía ser más que un objeto de lujo, considerando que, en suma, no sabía qué hacer con ella. Pero una parte de esta cultura está formada ahora por nuestras artes modernas, y entre estas figura la que se aprende con mayor facilidad, la música; y precisamente está música, que separada de sus hermanas en el arte, y gracias a los esfuerzos y a la potencia de los más grandes genios, ha adquirido la facultad de expresión más generalizada, hasta el punto que puede expresar lo sublime en una síntesis con las otras artes, o también puede expresar la peor de las chaturas y la trivialidad más baja si persiste en si aislamiento.

Lo que el judío cultivado, en la situación anteriormente citada, tenía para expresarse si quería manifestarse en el arte, no podía ser más que chatura y trivialidad, puesto que todo su instinto artístico no era más que lujo y futilidad. Era libre para expresarse de tal o cual modo, según lo inspirara su capricho o un interés extraño al arte; ya que nunca algo determinado, necesario o real, lo impulsaba a expresarse. Solamente experimentaba la necesidad de hablar, poco le importaba de qué, mientras no tuviera que preocuparse más que del cómo.

Ningún arte ofrece con más generosidad que la música la facultad de hablar para no decir nada, porque los más grandes genios ya le han hecho expresar todo lo que podía ser dicho en cuanto al arte especial absoluto. Una vez dicho esto, solo podía ser repetido y machacado en forma penosa hasta obtener la ilusión semejante a la de los loros que repiten las palabras y las frases humanas, con tan poca expresión y sentimiento verdadero como el de esos pájaros ridículos. Se observa una solo particularidad en ese lenguaje simiesco de nuestros compositores judíos: la elocución judía que ya hemos caracterizado anteriormente.

Las particularidades del lenguaje y del canto hebraico en su originalidad más notable, se observan en el judío del montón, el que quedó fiel a su raza; aunque el judío cultivado pone un cuidado increíble para desembarazarse de ello, pareciera que se apegan a él con una obstinación insolente. Este infortunio se debe sin duda a razones puramente fisiológicas, pero la posición social ya indicada del judío cultivado contribuye igualmente. Aunque nuestro arte de lujo continúe casi exclusivamente en las nubes de nuestra imaginación arbitraria, subsiste una fibra que lo une y ata sólidamente a su suelo natural, el verdadero espíritu del pueblo El verdadero poeta, en cualquier categoría de arte que cree, no saca jamás su inspiración de otra manera que de la contemplación concienzuda y simpática de la vida espontánea, de esa vida que solo se le revela en el pueblo.

¿En dónde puede encontrar a ese pueblo el judío cultivado? Seguramente que no en el medio social en donde desempeña su rol de artista. Solo puede estar unido a esta sociedad por una excrecencia de esta completamente desligada de su cepa verdadera y sana, siendo este lazo indiferente y poco importante; se dará cuenta de esa indiferencia cada vez más, a medida que baje el fondo de esa sociedad para buscar un alimento para su creación artística. Acá todo le resulta no solamente extraño y más incomprensible, sino que entonces la repugnancia involuntaria del pueblo hacia él se hace evidente con toda su crudeza hiriente, porque esta repugnancia no se debilito ni se destruyo por un cálculo interesado o por la consideración de ciertos intereses comunes, como sucede entre los ricos.

Rechazado en la forma más hiriente por ese pueblo, el judío cultivado, que por otra parte es completamente incapaz de comprender su espíritu, es devuelto a su propia raza, cuya comprensión permanece para él mucho más fácil. Que lo quiera o no, debe surtirse en esa fuente, pero solamente puede absorber un cómo, pero nunca un qué.

El judío jamás poseyó un arte propio, en consecuencia, tampoco una vida suministrando materia al arte. Una materia de arte de significación humana general no puede, aun hoy, ser encontrada en la vida judía por un buscador; éste solo encontraría el modo extraño de expresarse que ya hemos caracterizado. Por lo tanto, para el compositor judío la celebración musical del culto de Jehová constituye la única expresión musical de su pueblo; la sinagoga es la única fuente en donde puede obtener para su arte motivos populares que le sean accesibles.

Por más inclinados que estemos en figurarnos la nobleza y la belleza de este servicio religioso en su pureza original, debemos reconocer con evidencia que solo se trasmitió hasta nosotros con las alteraciones más repugnantes. Allí, después de miles de años, nada se desarrolló por efectos de una vida interior, sino que todo, como en el judaísmo en general, ha quedado rígido y estático tanto en el fondo como en la forma. Pero una forma que nunca fue vivificada por la renovación del fondo está ordenada; una expresión cuyo objeto no es desde hace mucho tiempo un sentimiento vivaz, pierde toda significación y muere.

¿Quién no tuvo la ocasión de convencerse de lo absurdo y grotesco del canto religioso en una sinagoga popular? ¿Quién no fue embargado por la impresión más repugnante, mezclada con horror ridículo, al escuchar esos zurridos y gorgoritos, ese piar, esos farfulleos, que confunden el sentido y el espíritu y que ninguna caricatura intencional lograría hacer más repulsivo que lo que se muestra allí, en toda su seria candidez?

En estos últimos tiempos, el espíritu de reforma trató de restaurar esos cantos para darles nuevamente su pureza primitiva; pero lo que intentó en ese caso la inteligencia judía superior y consciente no fue, conforme a su naturaleza, más que un esfuerzo infructuoso desde arriba hasta abajo. Esta tentativa no podía echar raíces lo suficientemente fuertes como para que el judío cultivado, que busca en el pueblo la propia fuente de la vida para satisfacer su necesidad artística, pudiera ver surgir a esta fuente como el espejo de sus esfuerzos inteligentes. Busca lo espontáneo y no lo reflexionado, que es precisamente su especialidad; siendo esta expresión contorsionada la única que se le ofrece en cuento a elemento espontáneo.

Si esta vuelta a la fuente popular representa para el judío cultivado, como para todo artista en general, algo no intencional, y ordenado tan solo por la naturaleza de las cosas por una necesidad inconsciente, se vuelca entonces en sus producciones artistas y ejerce, en consecuencia, un verdadero poder invencible sobre su manera de ver.

Estos ritmos del canto de la sinagoga acaparan su imaginación musical, de la misma manera que la posición innata de las melodías y de los ritmos de nuestra canción y de nuestro arte vocal y de nuestra música instrumental. Dada la facultad de percepción musical del judío cultivado, lo único que puede asimilar es el ciclo inmenso de nuestra música, tanto popular como artística, es lo que recibe de modo comprensible: lo único comprensible para él, es decir comprensible al punto de poder utílizalo artísticamente, es lo que se acerca por alguna analogía a las particularidades de la música judía. Si el judío, en presencia de la esencia de nuestro arte, cándido o sabio, se esforzara por sondear e corazón y los nervios vitales, estaría obligado de ver que no hay nada allí en verdad que se acerque de su naturaleza musical, y todo lo que le es completamente extraño en este arte, debería hacerlo retroceder hasta perder toda gana de colaborar en nuestras creaciones artísticas. Pero su situación entre nosotros no permite al judío penetrar tan íntimamente en nuestro ser: sea con intención, (en cuanto ha tomado conciencia de su posición con relación a nosotros), o ya sea involuntariamente (cuando es incapaz de comprendernos), presta solo una atención muy superficial a nuestro arte y a su vivificante organismo íntimo, y es a causa de esta audición indiferente que puede imaginar que encuentra analogías exteriores con lo que hay de únicamente perceptible para su manera de ver, propia de su naturaleza. La apariencia fortuita de las obras, en el campo musical de la vida y del arte, se le aparecerá entonces como la esencia misma de sus producciones. Es la razón por la que si quiere ofrecernos sus impresiones como artista, nos parecen extrañas, frías, raras, indiferentes, antinaturales y desfiguradas; Es así como las obras musicales judías producen a veces la impresión que nos daría, por ejemplo, un poema de Goethe recitado en jerga judía.

Del mismo modo que en esta jerga, con una indigencia de expresión notable, las palabras y las construcciones se mezclan sin orden una sobre las otras, así también el músico judío enreda las formas y los estilos diferentes de todos los maestros y de todos los tiempos. Encontramos allí, amontonadas en el caos más confuso, las particularidades formales de todas las escuelas. Como en todas estas producciones solo se trata de hablar, y nunca de unos temas que valgan la pena de ser expresados, resulta que esta charla solamente puede convertirse en algo un poco atrayente para el oído si a cada instante se ofrece alternando medios exteriores de expresión, una nueva provocación a la atención.

La emoción interior, la verdadera pasión, encuentra su lenguaje particular en el instante en que, luchando por hacerse comprender, busca comunicarse: el judío, ya caracterizado en detalle anteriormente en este aspecto, no siente ninguna pasión verdadera, y menos aún una pasión capaz de darle el deseo de la creación artística.

No hay serenidad posible cuando esta pasión está ausente. La verdadera y noble serenidad no es otra cosa que la pasión domada por la resignación. Cuando la pasión no ha precedido la calma, solamente encontramos la inercia; pero lo contrario de la inercia es esa agitación febril que observamos de un extremo al otro en las obras musicales judías, a excepción de los lugares en que deja lugar a la inercia de las ideas y del sentimiento.

El resultado de las pretensiones artísticas de los judíos tendrá necesariamente un carácter de frialdad y de indiferencia llegando hasta lo ridículo y trivial, y debemos designar al periodo histórico del judaísmo dentro de la música moderna, como el de la esterilidad completa y del equilibrio roto.

Todo eso lo vemos muy claramente en las obras de un músico de origen judío a quien la naturaleza había dotado de disposiciones musicales excepcionales. Todo lo que suministró argumentos para el análisis de nuestra antipatía por la naturaleza judía, todo lo que esta naturaleza presenta en cuanto a contradictorio en sí misma y frente a nosotros, toda su incapacidad al no ser de nuestro suelo, y no poder mezclarse con nosotros en ese suelo, y al no poder cultivar los elementos que encierra, todo eso es lo que produjo un conflicto verdaderamente trágico en la naturaleza, en la vida y en la producción de un artista muerto prematuramente, de Felix Mendelssohn Bartholdy.

Ese nos mostró que un judío puede estar dotado del talento específico más hermoso, poseer la educación más perfecta y más amplia, la ambición más elevada y más delicada, sin poder jamás, por medio de todas esas dotes, obtener ni una sola vez que nuestro corazón y nuestra alma se vieran embargados por esa impresión incomparable que esperamos del arte, puesto que sabemos que éste es capaz de eso, porque lo sentimos un número infinito de veces en cuento un héroe de nuestro arte abría la boca, por así decirlo, para hablarnos. Los críticos de profesión que están compenetrados por la misma convicción que nosotros, deben confirmar, puesto que es a ellos a quienes toca hacerlo, por medio de pruebas sacadas de la particularidades de las obras artísticas de Mendelssohn, ese fenómeno que tiene una certeza incuestionable: Se bastará aquí, para explicar nuestro sentimiento general, recordar que no podíamos sentirnos cautivados al oír música de este compositor, si solamente se presentaba a nuestra imaginación, siempre más o menos ávida de distracciones, la exposición, el arreglo, la confusión de los motivos más finos, más hermosos y más artificiales, como en un caleidoscopio con formas y colores en movimiento, pero que nunca fuimos alcanzados en momentos en que esas figuras de estilo deberían haber expresado sentimientos del corazón más íntimos y más profundamente humanos.

Allí, toda facultad de crear formas cesaba para Mendelssohn; es el motivo por el que, en el oratorio intentó el drama, debiendo recurrir muy abiertamente a cada una de las particularidades formales propias como una marca individual característica, de tal o cual de sus predecesores que tomaba como modelo de estilo. Además es notable que al hacer esto, el compositor elegía con preferencia como modelo para imitar con su inexpresiva lengua moderna, a nuestro viejo maestro Bach. El lenguaje musical de Bach se forma en un periodo de nuestra historia de la música en el que el lenguaje musical en general se esforzaba aún por adquirir la facultad de una expresión más individual y más cierta, esta tan tratado todavía en lo puramente formal y el pedantismo, que fue recién con Bach, y gracias a la fuerza inmensa de su genio, que encontró por primera vez su expresión puramente humana. El lenguaje de Bach es el lenguaje de Mozart y el de Beethoven, lo que la Esfinge egipcia es a la estatua griega: así como la Esfinge con figura humana se esfuerza todavía por despojarse de la forma animal, así también la noble cabeza de Bach se esfuerza por desembarazarse de la peluca.

Es necesaria toda la incoherencia fútil e increíble del gusto contemporáneo en favor de una música de lujo, para soportar al mismo tiempo el lenguaje de Bach al lado del de Beethoven, y para sostener que entre el lenguaje de los dos compositores surge una diferencia debida solamente a la individualidad del estilo y no al grado de cultura histórica. Sin embargo, la razón es fácil de comprender: el lenguaje de Beethoven solo puede ser hablado por un hombre completo, fuerte y ardiente, porque era precisamente el lenguaje de un músico tan completo que, sobrepasando con un impulso necesario la música absoluta, a la que había medido y llenado hasta sus límites extremos, nos mostró el camino de la fecundación de todas las artes por la música, como siendo su única extensión eficaz.

El lenguaje de Bach, al contrario, puede ser imitado por un músico muy hábil, aún en otro sentido, porque lo formal reina todavía en él y porque la expresión puramente humana no predomina con bastante claridad como para que el qué solo no pueda o no deba ser expresado por él, que está todavía enfrascado en la elaboración del cómo. Si Mendelssohn, en sus esfuerzos por expresar de manera tan interesante como deslumbrante un tema vago y casi insignificante, no invento la delicuescencia y lo arbitrario de nuestro estilo musical, sin embargo, los llevó a su apogeo. El último en la cadena de nuestros verdaderos héroes de la música, Beethoven, con una voluntad sublime y con una fuerza milagrosa, lucha por una expresión más nítida, más segura, de una sustancias indecible, creando las formas musicales bien precisas de sus cuadros sonoros, pero Mendelssohn, por el contrario, hace desaparecer en sus producciones a las imágenes adquiridas y las trasforma en sombras vagas y fantásticas; ante su débil luz, nuestra imaginación caprichosa se excita arbitrariamente, pero nuestra aspiración intima, puramente humana, de contemplar algo claramente artístico, está apenas aflorada por la esperanza de ser satisfecha. Solamente allí en donde el sentimiento opresivo de esta incapacidad parece apoderarse del alma del compositor, llevándolo a expresar una resignación más noble y más melancólica, Mendelssohn logra representarse característicamente en el sentido subjetivo de una individualidad fina y tierna, que en presencia de lo imposible, manifiesta su debilidad. Como lo hemos dicho, ese es el lado trágico del caso de Mendelssohn; y si en el campo del arte tuviéramos que brindar el individuo nuestra simpatía, deberíamos hacerlo en gran medida con Mendelssohn, aún si la fuerza de esa simpatía fuera debilitada al considerar que lo trágico de su situación era inherente a Mendelssohn, aunque él no tuviera una conciencia real, dolorosa y purificadora de ello.

Sin embargo, ningún otro compositor judío logra despertar en nosotros semejante simpatía. Un compositor judío contemporáneo, universalmente conocido, se dirigió en sus obras a una parte de nuestro público cuyo gusto ya no se podía corromper, sino solamente explotar. El público de nuestros teatros modernos de ópera ha perdido poco a poco y desde hace mucho tiempo, el hábito de ser exigente en cuanto a la obra dramática o a cualquier otra obra de buen gusto en general. Las salas de esos lugares de esparcimiento están generalmente llenas con esa fracción de nuestra sociedad burguesa para quienes la única razón de sus acciones es el hastío. Pero la enfermedad del hastío no se cura con el goce del arte: el hastío no se combate, solamente se lo ilusiona en sí mismo variando sus formas. Ese célebre compositor de óperas tuvo como única meta para su misión de artista la preocupación por producir esa ilusión. Es inútil caracterizar con más detalles el empleo de los medios artísticos que eligió para alcanzarla: bastó, y el éxito lo prueba, que pudiera dar la ilusión, y que lo haya logrado al imponer a su auditorio de ociosos, esa jerga definida por nosotros como una picante expresión moderna de todas las trivialidades, que ya le habían servido tantas veces con su inocencia natural. Ese compositor busca y emplea en su obra sacudidas y efectos que producen las catástrofes sentimentales, eso es muy natural cuando es sabido que las personas que se aburren adoran las sensaciones de ese estilo; nadie debe extrañarse entonces, que dadas esas pautas, se obtenga siempre un resultado exitoso.

Ese compositor ilusionista llega tan lejos, que hasta se ilusiona a sí mismo, es probable que su intención sea la de engañarse a sí mismo tanto como lo hace con su público de gente aburrida. Creemos sinceramente que él querría crear obras de arte, pero que sabe que le es imposible: para salir de este penoso conflicto entre querer y poder, escribe óperas para la ciudad de París, haciéndolas ejecutar luego con facilidad en el resto de mundo; es el medio más seguro hoy en día de procurarse la gloria artística sin ser artista. Bajo la presión de esta auto- ilusión, que debe ser bastante penosa, se nos aparece casi con aspecto trágico: pero el lado puramente personal en el interés herido, le da al personaje un viso tragicómico. El célebre compositor nos revela los caracteres del judaísmo en el campo de la música al dejarnos una impresión de frialdad y de verdadero ridículo.

Del atento examen de los hechos enumerados anteriormente, y que pudimos conocer al tratar de justificar nuestra antipatía invencible por el espíritu judío, sobresale principalmente la prueba de la esterilidad de nuestra época en el arte musical. Si los dos compositores judíos a los que apuntamos hubiesen llevado nuestra música a un desarrollo más elevado, deberíamos confesar que nuestro atraso con respecto a ellos se debe a una incapacidad orgánica inherente a nuestra naturaleza: pero ese no es el caso; al contrario, la facultad individual puramente musical se releva hoy, comparada a la de otras épocas anteriores, más bien aumentada que disminuida. La esterilidad reside en el espíritu de nuestro arte mismo, que reclama otra cosa más que esa vida aparente que se le conserva artificialmente.

La esterilidad del arte musical se nos aparece en el esfuerzo artístico de Mendelssohn, ese músico extraordinariamente dotado; pero la nulidad de todo nuestro público, su constitución y sus gustos esencialmente inartísticos, nos son demostrada de la manera más evidente por el éxito obtenido por el célebre compositor judío de óperas. Tales son los puntos principales que deben fijar exclusivamente la atención de todos los que tienen una alta idea del arte: es con esa base que debemos buscar, averiguar y adquirir una concepción clara. En cuanto al que se asusta ante la tarea y se aleja de la búsqueda, ya sea porque no lo obliga la necesidad, ya sea porque le teme a las consecuencias que lo obligarían tal vez a salir de su huella cómoda de una rutina vacía de pensamiento y sentimiento, nosotros lo englobamos precisamente en la categoría del «judaísmo en la música».

Los judíos no podían apoderarse de ese arte ante que se hubiera impuesto lo que ellos aportaron incuestionablemente: la ausencia completa de vida. Durante todo el tiempo en que la música, considerada como arte particular, poseyó en sí misma una verdadera necesidad orgánica de vida, es decir, hasta la época de Mozart y de Beethoven, no se encuentra un solo compositor judío: era imposible que un elemento completamente extranjero a ese organismo vital participara en las creaciones de esta vida. Solo en el momento en que la muerte interior de un cuerpo es evidente, los elementos externos toman bastante fuerza como apoderarse de él, con el fin de descomponerlo: entonces la carne de ese cuerpo puede muy bien disolverse en la vida hormigueante de los gusanos, pero. ¿quién, de acuerdo a su aspecto, lo considera todavía con vida?

El espíritu, es decir, la vida, huyó de ese cuerpo para reunirse con su análogo, esto es, ella mismo: solamente es la vida real podemos encontrar el espíritu del arte, y no en su cadáver devorado por los gusanos. Dije anteriormente que los judíos no habían tenido nunca un poeta verdadero. Ahora debemos hablar de Heinrich Heine. En la época en que Schiller y Goethe escribían, no oímos que se citen a poetas judíos; pero en la época en que nuestro país la poesía se convirtió en mentira, en que nuestra vida antipoética fue capaz de producir de todo salvo un verdadero poeta, fue un judío muy dotado poéticamente, quien se encargó de poner al desnudo, con una burla cruel, esa indigencia insondable y esa hipocresía jesuítica de nuestros copleros con pretensiones poéticas. También flageló despiadadamente a sus célebres correligionarios músicos, por su pretensión de querer ser artistas; nunca se ilusionó. Sin tregua fue empujado por el demonio implacable de la negación y renegó de todo lo que le pareció deber renegar, a través de todas las ilusiones de nuestra mentir moderna, pero se mintió a sí mismo al creerse poeta, recibiendo como castigo sus mentiras rimadas, puestas con música por nuestro compositores.

Fue la conciencia del judaísmo, como el judaísmo es la mala conciencia de nuestra civilización moderna.

También debemos hablar de otro judío que se produjo entre nosotros como escritor. Salió de su posición particular de judío para buscas la redención entre nosotros; no la encontró y debió confesar que no podría encontrarla hasta el día en que nosotros también, convertidos en verdaderos hombres, estuviéramos salvados.

Pero convertirse en hombre al mismo tiempo que nosotros, eso significa, en primer lugar para un judío, dejar de ser judío. Es lo que hizo Boerne. Pero su ejemplo enseña precisamente que esa redención no puede ser conquistada en la quietud y en el bienestar frío e indiferente, y que a contrario, cuesta sudor, miseria, angustias, penas y dolores, como nos sucede a nosotros.

Tome parte sin prevención en esta obra de redención en donde la destrucción regenera, y entonces estaremos unidos y semejantes. Pero tenga en cuenta que existe un solo medio de conjurar la maldición que pesa sobre ustedes: la redención de Ahasverus, el anonadamiento.

LA *SINFONÍA HEROICA* DE BEETHOVEN[*]

La más significativa composición -la tercera sinfonía del maestro, la obra con la que inició una línea peculiarísima- no resulta tan fácil de entender en muchos aspectos, como su nombre permite sospechar y ello precisamente porque el título «*Sinfonía heroica*» lleva a pensar involuntariamente en una serie de relaciones heroicas representada, en un cierto sentido histórico-dramático, por composiciones. Quien se disponga a aprehender esta obra con semejante idea *a priori,* se verá, primero, confundido y, después, decepcionado, sin haber alcanzado, en verdad, un goce. Si, por lo tanto, me permito informar con la mayor brevedad posible de la idea general que yo mismo me he formado sobre el contenido

---

[*] Texto escrito para un concierto en Zurich el 25 de febrero de 1851, con el título *Beethovens «Heroische Symphonie».* La traducción al español está tomada de: *Escritos y confesiones* (trad. esp. Ramón Íbero), Barcelona, 1975.

poético de esta composición, lo hago llevado del sincero convencimiento de que la presente explicación de la «Sinfonía heroica» facilitará a no pocos oyentes una comprensión que por sí mismos solo podrían alcanzar escuchando frecuentes y repetidas interpretaciones, de singular vivacidad, de la obra.

En primer lugar, el calificativo «heroica» se debe tomar en su sentido más amplio y, en ningún modo, referido únicamente, por ejemplo, a un héroe militar. Si entendemos bajo el concepto de «héroe» al ser humano en su absoluta totalidad, que posee, en suprema copia y fuerza, todos los sentimientos específicamente humanos -amor, dolor y fuerza-, habremos captado el concepto que pretende transmitirnos el artista en las arrebatadoras notas de su obra. Todas las plurales, complicadas sensaciones de una robusta, total individualidad llenan el espacio artístico de esta obra; una individualidad a la que nada humano es ajeno, sino que, por el contrario, contiene en sí misma todo lo auténticamente humano y lo manifiesta de forma que, tras proclamar sinceramente todas las pasiones más nobles, alcanza un remate que conjuga la más suave sensibilidad con la fuerza enérgica. El camino a este remate marca la dirección en esta obra de arte.

La primera parte comprende, como en un punto incandescente, toda las sensaciones de una naturaleza rica y humana en el afecto más inquieto, juvenilmente activo. Júbilo y dolor, placer y pesar, gozo y pesadumbre, sueños de esperanza y nostalgia, depresión y optimismo, osadía, entereza y un indomeñable sentimiento de dignidad se suceden y alternan tan apretada y continuamente, que, mientras todos sentimos estos sentimientos, ninguno de ellos consigue despegarse en forma apreciable de los demás, sino que nuestra atención se vuelve siempre y solo a aquel que se nos manifiesta como el más sensible de los hombres. Y, sin embargo, todos estos sentimientos emanan de una única facultad fundamental y esta es la de la fuerza. Esta fuerza, incrementada al infinito mediante todas las impresiones sensoriales e impulsada a la exteriorización de la abundancia de su esencia, es el impulso motriz capital de esta composición: hacia la mitad de la obra se crece hasta alcanzar una violencia destructora y en su arrogante proclama creemos descubrir ante nosotros a un aniquilador del mundo, a un titán que lucha con los dioses.

Esta fuerza aniquiladora, que nos llena de entusiasmo y horror, apuntaba hacia una catástrofe cuya grave significación se manifiesta a nuestra sensibilidad en la segunda parte de la sinfonía. El compositor reviste esta proclama en el atuendo musical de la marcha fúnebre. Se nos manifiesta un sentimiento traspasado de dolor, movido de gozoso llanto, en un lenguaje musical arrebatador: una tristeza grave, viril, se transforma, de queja, en suave emoción en recuerdo, en lágrima de amor, en elevación interior, en grito de emoción. Del dolor emana una fuerza nueva que nos embarga en un calor sublime: como alimento de esta fuerza volvemos a buscar instintivamente el dolor; nos entregamos a él hasta la consunción y el dolor; pero justamente aquí volvemos a recoger toda nuestra fuerza: no queremos morir, sino subsistir. No nos oponemos al dolor, pero lo soportamos en el palpitar robusto de un valiente corazón de hombre.

¿Quién sería capaz de expresar en palabras las sensaciones infinitas por plurales e indecibles, que van del dolor a la más sublime elevación y de la más sublime elevación a la más suave tristeza, hasta expirar en un pensamiento infinito? No cabe la menor duda, únicamente el compositor lo consiguió en esta pieza maravillosa.

La fuerza, a la que -domeñada por el profundo dolor propio- se ha quitado la arrogancia destructora, no es mostrada en su valiente serenidad por el tercer tiempo. La salvaje impetuosidad en ella se ha convertido en actividad lozana, serena; ahora tenemos ante nosotros al hombre amoroso, alegre, que recorre, gozoso y alegre, los campos de la naturaleza, mira, sonriente, sobre las llanuras, hace sonar los jubilosos cuernos de cazador por encima de las alturas de los bosques; y todo lo que él siente en esto, nos lo transmite el maestro en la vigorosa, emocionante imagen musical, a través de la cual él mismo nos dice lo que opina de aquellos cuernos de cazador que proporcionan al hermoso, alegre y, al mismo tiempo, suave entusiasmo del hombre la expresión musical. En este tercer tiempo, el compositor nos muestra al hombre sensible por el lado contrapuesto a aquel otro por el que nos lo mostró en el segundo tiempo: allí, el hombre sufriendo profunda y fuertemente; aquí, el hombre activo, alegre y optimista.

Estos dos aspectos son recogidos por el maestro y agrupados en el cuarto y último tiempo, para mostrarnos, por último, al hombre todo, armónicamente unificado en sí mismo a través de sentimientos en los que incluso la idea del dolor se convierte en impulso de noble actividad. Este tiempo último es el bien logrado, homólogo, preciso e ilustrador del tiempo primero. Así como allí veíamos ora todos los sentimientos humanos confundirse en las más dispares manifestaciones, ora repelerse con saña por dispares, aquí, esta plural disparidad se conjuga en un broche que encierra armónicamente todos estos sentimientos y adquiere a nuestros ojos forma plástica, bienhechora. El maestro retiene, primero, esta forma en un tema simplicísimo que se nos muestra seguro y definido, y que, después, será capaz de seguir el proceso más inconmensurable, desde la delicadeza más tierna a la fuerza suprema. En torno a este tema, al que podemos considerar como sólida, viril individualidad, se someten y acoplan desde el inicio del tiempo todos los sentimientos más tiernos y blandos que se desarrollan hasta la proclamación del elemento puro, femenino, el cual, finalmente -galopando enérgicamente a lo largo de toda la pieza-, se manifiesta como el poder incontenible del amor, merced a una participación cada vez más intensa y extensa en el tema capital viril. Esta fuerza se abre, al final del tiempo, ancho curso hasta el corazón. Sigue el movimiento sin descanso y el amor se manifiesta en noble, sensible calma, empezando blando y tierno, creciendo luego hasta el entusiasmo arrebatador, para acabar apoderándose del corazón varonil todo hasta su más profundo cimiento. Aquí es donde, una vez más, este corazón manifiesta su idea del dolor de la vida: el pecho, henchido de amor, se inflama, el pecho, que comprende en su felicidad asimismo el dolor, toda vez que dicha y dolor, como sentimiento puramente humano, es uno y mismo sentimiento. El corazón palpita de nuevo y desprende ricas lágrimas de noble humanidad; sin embargo, de la tristeza embriagadora emana, atrevido, el júbilo de la fuerza, de la fuerza que se apareó con el amor y con la que el hombre todo nos grita proclamando, jubiloso, su divinidad.

Solo en el lenguaje musical del maestro se podía hacer público lo indecible, que aquí la palabra tan solo puede apuntar en el más riguroso aprisionamiento.

CARTA ABIERTA A FRIEDRICH NIETZSCHE[*]

A Friedrich Nietzsche, profesor ordinario de filología clásica en la Universidad de Basel.

Estimado amigo:

Acabo de leer el panfleto del Doctor en Filología Ulrich von Wilamowitz-Möllendorf que Usted me ha enviado, y he sacado de esta «respuesta» a su *Nacimiento de la tragedia desde el espíritu de la Música* ciertas impresiones, de las que quisiera liberarme, haciéndole algunas preguntas, quizás impropias, esperando que su respuesta suponga un esclarecimiento tan productivo como lo fue respecto a la tragedia griega.

* Texto publicado originalmente en el *Norddeutsche Allgemeine Zeitung* el 23 de junio de1872. La traducción al español está tomada de: SANTIAGO GUERVÓS, L., *Nietzsche y la polémica sobre «El nacimiento de la tragedia»*, Málaga, 1994.

Ante todo, quisiera que Usted me aclarase un aspecto del fenómeno cultural que he observado en mí mismo. No creo que haya habido un muchacho o un adolescente más entusiasta de la antigüedad clásica de lo que fui yo durante la época en que frecuentaba en Dresde la Kreuzschule. Estaba cautivado, sobre todo, por la mitología e historia griega, evitando en la medida de lo posible, y casi con rebeldía, el latín. No sabría decir si obré correctamente, pero puedo remitirme al especial afecto, conquistado por mi fogoso celo, que me tenía el Dr. Silling, mi maestro preferido en la Kreuzschule y en la Thomasschule de Leipzig consiguieron con su actitud desarraigar completamente en mí estas aptitudes e inclinaciones. Con el tiempo me pregunté perplejo si aquellas aptitudes e inclinaciones tendrían realmente profundas raíces, puesto que muy pronto parecieron degenerar en aversión. Solo en el curso de mi evolución posterior, me di cuenta, al menos gracias a una constante reanudación de aquellas inclinaciones, que bajo una disciplina mortalmente falsa había sido reprimido algo dentro de mí. Tras la agitada vida que me desvinculó completamente de aquellos estudios, siguió siendo para mí un beneficio liberador sumergirme en el mundo antiguo, a pesar de la dificultad que entraña el haber olvidado casi por completo las nociones lingüísticas. Por el contrario, cuando envidiaba a Mendelssohn por su preparación filológica, no tenía más remedio que extrañarme de que aquella filología suya no fuese un obstáculo a la hora de escribir la música para los dramas sofocleos, puesto que yo, a pesar de mi falta de preparación, tenía un mayor respeto por el espíritu del mundo clásico que el que él parecía mostrar. He conocido también a otros músicos que, teniendo una buena formación sobre el mundo griego, no han sabido qué hacer con ella cuando dirigían, componían o tocaban, mientras que yo (¡de un modo muy peculiar!) elaboraba un ideal para mi concepción del arte a partir de un mundo clásico que me resultaba tan inaccesible. Sea como fuere, nació en mí el oscuro sentimiento de que el espíritu de la antigüedad estaba muy poco arraigado en el ámbito de nuestros profesores de lengua griega, cuando se presupone, por ejemplo, que la comprensión de la historia y cultura francesas es un complemento necesario para nuestros profesores de lengua francesa. Por el contrario, el Doctor en Filología U.W. von Möllendorff sostiene ahora que la ciencia filológica tiene como serio cometido educar a la juventud alemana, «a fin de que la antigüedad clásica les ofrezca aquella única cosa imperecedera que el favor de las Musas promete, y que solo la antigüedad clásica puede ofrecer en una plenitud y pureza semejante: el contenido en su corazón y la forma en su espíritu».

Todavía completamente fascinado por esas maravillosas palabras conclusivas de su panfleto, me puse a buscar en el nuevo Reich alemán los resultados indudablemente claros de la eficacia bienhechora de esta ciencia filológica que, encerrada en sí misma, inaccesible y sin ser molestada por nadie, ha sabido guiar hasta ahora a la juventud alemana a tenor de unas máximas que nadie contesta. En primer lugar, me pareció sorprendente que todos aquellos que entre nosotros se muestran dependientes del favor de las Musas, es decir, nuestros artistas y poetas, se las arreglen sin ningún tipo de filología. En cualquier caso, parece que el espíritu de un conocimiento fundamental del lenguaje, que debe derivar de la filología como fundamento de todos los estudios clásicos, no se haya extendido al uso de la propia lengua alemana. Debido al auge cada vez mayor de la jerga que se divulga no solo en nuestros periódicos sino también en los libros de nuestros historiadores de arte y de literatura, pronto estaremos en la situación de tener que reflexionar sobre si cada palabra que escribimos pertenece verdaderamente a la cultura lingüística alemana o acaso proceda de un periódico financiero de Wisconsin. -Pues bien, si esto es grave en el campo del espíritu artístico, siempre podrá decirse que la filología no tiene nada que ver con eso, en la medida en que ella sabe que se encuentra más comprometida al servicio de las Musas de las ciencias que al de las Musas del arte. En todo caso ¿tendremos que buscar entonces su efectividad en las facultades de nuestros institutos superiores? Teólogos, juristas y médicos afirman que no tienen nada que ver con la filología. Por lo tanto, ¿son únicamente los propios filólogos los que se instruyen recíproca y presumiblemente con el único objeto de adiestrar a su vez únicamente a filólogos, es decir, a profesores de enseñanza media y de universidades, los cuales tendrán que formar luego a otros profesores de escuela media y de universidad? Lo puedo entender. Se trata de conservar la pureza de la ciencia y de que el estado la respete de tal manera que siempre sienta el deber moral de proporcionar pingües salarios a los profesores de filología, etc. ¡Pero no! El Doctor en Filología U. W. v M. afirma expresamente que se trata de preparar con toda clase de ejercicios «ascéticos» a la juventud alemana para «esa única cosa imperecedera» que promete «el favor de las Musas». Por lo tanto, ¿tiene que encontrarse en la filología la tendencia a una educación superior, es decir, realmente productiva? ¡Creo que es algo muy probable! Solo que en esta tendencia parece ser víctima de una descomposición general a través de un extraño proceso, en el cual se encuentra implicada su disciplina. Es cierto que la filología actual no ejerce ningún influjo sobre la situación general de la educación alemana; mientras que las facultades de teología nos proporcionan párrocos y consejeros consistoriales, las del derecho, jueces y abogados, y las de medicina, médicos, todos ellos ciudadanos útiles y prácticos, la filología no nos proporciona más que filólogos, los cuales solo son útiles para ellos mismos.

Como se puede apreciar, ni siquiera los brahmanes de la India tenían tan alto rango; por eso se puede esperar de ellos de vez en cuando una palabra divina. Y de verdad que la esperamos; esperamos que alguna vez salga de este maravilloso campo un hombre que nos diga, sin un lenguaje erudito y sin horrendas citas, qué es *lo que* divisan los iniciados bajo el velo de sus investigaciones, tan incomprensibles a nosotros, profanos, y si vale la pena mantener una casta tan valiosa. Eso tendría que ser algo justo, grande y, además, formativo, y no este elegante sonido de cascabeles con el que a veces somos despachados en las gratas lecciones ante una audiencia «mixta». Pero lo grande y justo que nosotros esperamos parece, sin embargo, muy difícil de ser expresado: aquí debe dominar, ciertamente, un temor especial, casi inquietante, como si se asustasen de tener que admitir que, una vez que viese la luz del día el contenido de todo este aparato, sin todos los misteriosos atributos de la importancia filológica, sin citas, ni notas, y sin los pertinentes cumplidos recíprocos de los grandes y pequeños colegas, tendría que ponerse al descubierto una miseria desoladora de toda la ciencia, miseria que se ha convertido en su propiedad específica. Puedo imaginarme que quien se embarque en esta empresa no le quede otra cosa que salirse significativamente de la especialidad puramente filológica, para buscar el aliento de su contenido estéril en las fuentes del conocimiento humano, que hasta ahora esperaron en vano que fuesen fecundadas por la filología.

Pero supongo que el filólogo que se decidiese a esta acción, vendría a encontrarse probablemente en la situación en la que se encuentra Usted, estimado amigo, después de haber tomado la decisión de publicar su profundo ensayo sobre el origen de la tragedia. A la primera ojeada nos dimos cuenta de que nosotros tratábamos con un filólogo que nos hablaba a nosotros y no a los filólogos; por este motivo se nos abrió de repente nuestro corazón y recobramos el ánimo que habíamos perdido completamente, después de la lectura de los ensayos al uso, ricos en citas y moralmente pobres de contenido, por ejemplo, sobre Homero, los trágicos, etc. Esta vez teníamos un texto, pero sin notas; volvemos los ojos desde lo alto del monte a la vasta llanura sin ser molestados por la risa de los campesinos en la cantina que está debajo de nosotros. Pero parece que, finalmente, no se nos puede regalar nada: la filología sostiene que Usted está en su terreno, que de hecho no es un emancipado, sino solo un renegado, y que ni Usted ni nosotros nos vamos a librar de la paliza. Se ha desencadenado, efectivamente, la granizada: un doctor en Filología ha optado por la tormenta filológica pertinente. Pero ahora vivimos en la estación en que estos temporales pasan pronto: mientras se desencadenan, la gente razonable se encuentra tranquila en casa; evitamos al toro que se ha escapado y consideramos absurdo, con Sócrates, devolver con un puntapié la coz del asno. Pero para aquellos que como yo han sido solo espectadores de este acontecimiento, queda algo por explicar, ya que no hemos llegado a comprender todo lo que allí se dice.

Por eso, también yo quisiera plantearle algunas preguntas
Nosotros no creemos que la vida sea tan vulgar «al servicio
de las musas» y que su «favor» produzca una incultura como
la que hemos tenido que observar en alguien que posee
«aquello que es únicamente imperecedero». Un enseñante
de lenguas clásicas, que en la misma frase pone un *meinthal-
ben* y luego un *meinthalb*, nos parece casi como un berlinés
holgazán de los viejos tiempos que pasaba tambaleándose
de la cerveza al aguardiente: ¡esto es exactamente lo que nos
brinda el Doctor en Filología U. W. v M. en la p. 70 de su
panfleto! Ahora bien, los que como nosotros no entienden
nada de filología, evitan respetuosamente las aseveraciones
de este señor cuando se sostienen sobre impresionantes citas
sacadas del Archivo de Documentos de la Corporación; pero
no puedo, no, abrigar serias dudas, no tanto sobre la falta
de comprensión de su escrito por parte de ese erudito, sino
sobre su mediocre capacidad para comprender las cosas más
evidentes cuando, por ejemplo, entiende el sentido de la
cita de Goethe, «¡Este es tu mundo!, es decir, ¡un mundo!»,
como si Usted diese a estas palabras un sentido optimista, y
por eso se cree en el deber de explicarle a Usted (indignán-
dose de que ¡Usted ni siquiera sepa comprender a Goethe!)
que «esta es una pregunta hecha por Fausto con una ironía
amarga». ¿Cómo hay que llamar a esto? Una pregunta a la
que quizás es difícil responder de una forma pública y literaria.

Por lo que a mí respecta, yo también tuve una experiencia semejante que me dolió profundamente. Usted sabe con qué seriedad me apasioné hace unos años en mi ensayo sobre *Arte y política alemana* por los estudios clásicos y cómo me creí en el deber de prever un cambio siempre peor de nuestra educación nacional, a partir de la desidia creciente que tenían por la misma nuestros artistas y literatos. ¿De qué sirve afanarse tanto en el campo de la filología? Una vez tomé del estudio de J. Grimm la palabra «Hailavac», del alemán antiguo, y la transformé, para hacerla más útil a mis propios intereses, en «Weihwaga» (una forma que todavía se reconoce hoy en «Weihwasser»), pasé a las raíces afines «wogen» y «wiegen» y, finalmente, a «welle» y «waller», y formé, por analogía de la «eia popeia» de las canciones de cuna, una melodía radical silábica para mis ondinas. ¿Qué pasó? Pues que se rieron de mí todos aquellos granujas de periodistas, incluso el *Augsburger Allgemeine*, y ahora un Doctor en Filología funda su desprecio por mi «así llamada poesía» en esta, para él proverbial, «wigala weia». Y todo esto tiene lugar con la ortografía arcaica alemana de su panfleto; mientras que, por otra parte, ¡ninguna de las creaciones teatrales de nuestros literatos de moda son lo bastante insulsas y superficiales como para que, por ejemplo, no sean tomadas (como lo he visto recientemente) por admirables conclusiones de la antigua poesía popular por filólogos intérpretes del mito de los Nibelungos!

Verdaderamente, amigo mío, Usted nos debe alguna explicación sobre eso. A los que yo llamo «nosotros», son gente atenazada por una negra preocupación por la *formación alemana*. Y la preocupación se hace más grave debido a la óptima reputación de la que gozan estos estudios entre los extranjeros, los cuales han conocido tarde los restos del florecimiento de una época; además, esta reputación ejerce sobre nosotros tal influjo que nos narcotiza y nos impele a darnos incienso recíprocamente. No cabe duda que cada pueblo tiene en sí mismo un germen de estupidez. Vemos en los franceses cómo el ajenjo lleva ahora allí a término lo que la Academia ha ordenado, es decir, se ríen como niños tontos de todo lo que no se comprende y, por esa razón, es eliminado por la Academia de la cultura nacional. Nuestra filología no ha llegado todavía, es cierto, a tener el poder que tiene la Academia, y nuestra cerveza no es del mismo modo peligrosa como el ajenjo; sin embargo, se pueden añadir otras cualidades de los alemanes que, como la envidia y la correspondiente voluntad maliciosa de difamar, unida a una falsedad tanto más dañina en cuanto que se presenta desde tiempos antiguos bajo el aspecto de probidad, son de una naturaleza tan preocupante que podrían sustituir sin dificultad a los venenos que no tenemos.

¿En qué situación se encuentran nuestros institutos alemanes de enseñanza?

Dirigimos la pregunta a Usted, que siendo tan joven ha sido preferido antes que otros por un excelente maestro de filología y ha sido llamado a ocupar una cátedra; y en esta ha conseguido rápidamente una confianza tan importante, que Usted se ha atrevido a salir con firmeza encomiable de un contexto viciado, con el fin de señalar con mano creadora sus defectos.

Le damos tiempo para que Usted responda. Que nada le apremie, y menos que nadie ese Doctor filólogo que le ha invitado a Usted a bajar de la cátedra, cosa que Usted ciertamente no haría ni siquiera por complacer a este señor, puesto que es previsible que él no sería elegido para sucederle a Usted. Lo que esperamos de Usted solo puede ser tarea de toda una vida, la vida de un hombre del que tenemos extrema necesidad: ese hombre que Usted promete ser para todos aquellos que, desde la fuente más noble del espíritu alemán, desde la profunda e íntima seriedad en todo aquello en donde él se sumerge, esperan una orientación o directiva para saber cómo debe ser la formación alemana, si queremos ayudar a que la nación se eleve hacia sus fines más nobles.

Le saluda con afecto
Richard Wagner
Bayreuth, 12 de junio de 1872.

Acerca de la denominación «*Musikdrama*»[*]

Encontramos con bastante frecuencia en nuestras lecturas desde hace un tiempo la expresión «*Musikdrama*», y también hemos oído hablar de una sociedad berlinesa -por dar un ejemplo entre otros- que se ha propuesto ayudar al desarrollo del «*Musikdrama*», sin que todavía nos hayamos podido

---

[*] En *Musikalisches Wochenblatt*, 8 de noviembre de 1872. Tradución de Abel Alamillo. Dejamos sin traducir *Musikdrama*, puesto que «drama musical», la transcripción más obvia en castellano de la expresión alemana, ha venido a ocupar en la terminología wagneriana una posición canónica para referirse a las producciones posteriores a Lohengrin, lo cual contrasta con la protesta que realiza Wagner en este escrito contra la primera acuñación del término en alemán. Veremos que Wagner da diversas interpretaciones posibles del significado de *Musikdrama*, sólo una de las cuales se ajusta a la construcción castellana «drama musical», y no es éste precisamente el sentido del término que le parece a Wagner más correcto, ni semántica ni morfosintácticamente. Pensamos que manteniendo la expresión en el original alemán, el lector no iniciará la polémica planteada por el mismo compositor en medio de la confusión, como consecuencia del valor que han adquirido ciertos términos en la historia posterior de la exégesis wagneriana (n. del t.).

formar una idea precisa de lo que tal denominación venga a significar. Ciertamente tengo motivos para suponer que este término fue inventado con vistas a honrar mis últimos trabajos dramáticos etiquetándolos bajo una categoría distintiva, pero cuanto menos me he sentido dispuesto a aceptar el neologismo, tanto más he percibido en todas partes una inclinación para acuñar el nombre como denominación de un presunto nuevo género artístico, el cual habría hecho su aparición para dar respuesta al espíritu y tendencias del momento, incluso a aquellas en que yo no tengo participación, y que ahora se halla listo como una especie de cómodo nido en que todos pueden incubar sus huevos musicales.

Yo no estoy dispuesto a dar mi asentimiento al lisonjero punto de vista de que las cosas se presentan tan favorablemente; y tanto menos, cuanto que yo no sé cómo interpretar la acepción «*Musikdrama*». Cuando unimos dos sustantivos para formar con ellos una sola palabra, si nos mantenemos dentro del espíritu de nuestro idioma, al primer sustantivo le hemos de otorgar de alguna manera la función de objeto del segundo: de ahí que «*Zukunftsmusik*»[1], palabra inventada para mi irrisión, ha tomado el sentido de «música del porvenir». Pero «*Musikdrama*», interpretada de igual forma, daría lugar a algo así como a «drama al servicio de la música», lo que no tendría sentido en absoluto si no es que nos las hemos de ver de nuevo con el viejo y familiar libreto de ópera, que considerado bajo cualquiera de sus aspectos se trató siempre de un drama con destino a ser puesto en música. Ahora, esto no es precisamente lo que nosotros queremos significar con esa expresión; más bien, ha ocurrido simplemente que nuestro sentido de la probidad literaria ha quedado embotado a causa de la lectura diaria de los fárragos de nuestros escritores de periódico y otros espíritus bellos, la cual cosa nos ha llevado a creer que podemos darles el significado que queramos a las palabras acuñadas por ellos, y por eso, en el presente caso, usamos «*Musikdrama*» para denotar lo opuesto al verdadero sentido de la palabra.

Llevando a cabo un análisis más atento, hallamos que el solecismo en que se incurre consiste en el actualmente muy favorecido procedimiento de convertir un adjetivo que tiene una función predicativa en un sustantivo que actúa haciendo las funciones de prefijo; tomando en consideración lo cual, seguro que el sentido que se le pretende dar a la expresión viene a ser el de «drama musical». Pero interpretada la construcción «*Musikdrama*» de esta manera, no solo incurrimos en un caso de mala práctica gramatical, sino que también atentamos contra la vaga intuición de que un drama de ninguna de las maneras puede ser musical, igual que sí lo puede ser un instrumento o (en bastantes menos ocasiones) una prima donna. Un «drama musical», considerado en estos estrictos términos, consistiría en un drama que hace música él mismo, o que es bueno para hacer música con él, o incluso que entiende la música de manera parecida a como lo hacen nuestros críticos musicales de la prensa. Dado que esto no puede ser en absoluto, hemos de concluir que aquí ha funcionado cierto grado de confusión mental, que finalmente ha desembocado en la forja de una palabra completamente sin sentido; jugaba a favor de «drama musical», un nombre que no se había escuchado jamás con anterioridad, la analogía con «*Musikdosen*» (caja de música) y expresiones similares, y es seguro que sin tales precedentes nadie se hubiera atrevido en hacer tanta violencia al lenguaje combinando esas dos palabras.

Probablemente, el significado que seriamente se le propone dar al término es el de «drama auténtico puesto en música». El énfasis mental recae en consecuencia sobre el concepto drama, de acuerdo a una concepción muy distinta respecto de la del antiguo libreto de ópera, y la diferencia radica en que ahora el esquema dramático no está destinado a servir a las necesidades de la música de ópera tradicional, sino que es la estructura musical misma la que debe recibir su conformación a partir de las exigencias propias de un drama real, efectivo. Pero si el drama va a constituir el asunto principal, este término es el que debería ir colocado delante, puesto que según esta concepción la música le debe estar subordinada, y por tanto, en parecido caso a los de «*Tanzmusik*» (música de baile) o «*Tafelmusik*» (música para acompañar un banquete), tendríamos que decir «*Dramamusik*» (música dramática). En medio de todos estos absurdos, nadie pareció sin embargo darse cuenta conscientemente de lo siguiente: por muchas vueltas que se le de a la denominación, la música permanece siempre como lo realmente encumbrado; pero confusamente sí que todo el mundo cayó en la cuenta de que la preocupación capital, pese a las apariencias, era la música, máxime en un momento que la música era invitada a desarrollar y extender sus amplios poderes en asociación con una concepción auténtica del drama.

Quizás el obstáculo mayor que se ha presentado para acuñar un término con el que identificar la nueva obra de arte fue, de acuerdo con lo ya expuesto, la necesidad asumida de manifestar que se estaba intentando yuxtaponer dos elementos dispares: música y drama. Y es que ahí está radicada la más grande dificultad, en reflejar la situación auténtica de la música respecto al drama, pues, como acabamos de ver, es imposible conducirla hacia una posición real de igualdad, debiendo figurar necesariamente o en una posición superior o en otra inferior. La razón descansa con toda seguridad en el hecho de que la palabra música denota un arte, el cual originariamente reunía todas las artes, mientras que con la palabra drama estrictamente nos referimos a un hecho artístico. Al conjuntar palabras es fácil apercibirse de la inteligibilidad del compuesto final si sus partes constituyentes, tomadas por separado, conservan su significado o son empleadas sólo según un uso convencional. El significado primero de «drama» es el de «hecho» o «acción»: como tal, en una evolución que tuvo lugar sobre las tablas, lo que al principio era únicamente un elemento integrante de la «tragedia», originariamente un canto coral de carácter sacrificial, fue poco a poco invadiéndola de una punta a otra y se convirtió así en el asunto principal. Con el nombre de «drama» se significó a partir de entonces, y ya para toda la posteridad, una acción mostrada sobre el escenario, y teniendo conciencia clara de que se trataba de una representación destinada a ser observada, el lugar de reunión fue llamado «*theatron*», el mirador. Nuestra expresión «*Schauspiel*» (estrictamente juego u obra para ser vista o mostrada) es en consecuencia un nombre que revela un grado mayor de reflexión a la hora de categorizar lo que los griegos llamaron más ingenuamente drama, ya que expresa de manera aún más definitoria el desarrollo característico de eso que comenzó siendo una parte y pasó a ser el objeto principal. Pero la música, al cumplirse esa evolución, quedaba colocada en falsa posición dentro de la obra a representar, pues ella pasaba a ser solamente parte de un todo, y una parte cada vez más superflua que llegaba hasta a estorbar, razón por la cual al final fue excluida del plan de la obra. Actualmente, sin embargo, la parte que una vez lo fue todo se siente llamada a reasumir su antigua dignidad, la de verdadera madre primigenia del drama. Pero, al seguir esta alta vocación, no está dispuesta a ocupar una posición de rango superior o inferior a la del drama: no es su competidora, sino su madre. La música se sirve del sonido, y, de hecho, aquello que escucháis, lo podéis ver vosotros también sobre el escenario; con este fin os reúne: lo que ella quiere expresar o significar, su esencia misma, vosotros nunca podréis sino soñarlo vagamente; así que ella abre vuestros ojos para que seáis capaces asimismo de contemplarla a través del correlato escénico, de igual modo que una madre cuenta a sus hijos leyendas con las que les desvela los misterios de la religión.

A las maravillosas obras de Esquilo los atenienses no las llamaron «dramas», sino que dejaron que conservaran el nombre de sus sacros antecedentes, «tragedias», cantos sacrificiales en celebración del dios que los inspiraba. ¡Afortunados ellos, que no estaban obligados a inventarse un nombre para tales representaciones! Pero en esto llegaron los grandes críticos, los temibles escudriñadores; se hallaron ideas abstractas, y empezaron a acumularse las denominaciones meramente por consideración a las palabras mismas. El buen Polonio nos instruye con una primorosa lista de ellas en el Hamlet. Los italianos se inventaron finalmente lo de «*Dramma per musica*», que expresa más o menos la misma idea que nuestro *Musikdrama*, aunque ciertamente la construcción guarda una mayor corrección gramatical; pero es un hecho manifiesto que nunca acabaron de quedar satisfechos con la denominación, y como efecto curioso de los cambios introducidos por los virtuosos vocales se acabó aceptando un nombre que decía tan poco como el género mismo. «Ópera», plural de *opus*, fue a la postre el apelativo escogido para esta nueva variedad de obras; los italianos hicieron de ella una mujer, los franceses un varón, con lo que la diferencia parecía haber resultado *generis utriusque*. Yo no creo que el término «ópera» contenga un juicio crítico válido que permita legitimar su origen como lo hacía el de «tragedia»; y es que en ningún caso la razón ha desempeñado aquí un papel, pero sí que un instinto profundo ha expresado en un caso que nos encontramos ante una necedad carente de nombre real, y en el otro que nos encontramos ante algo de sentido inefable e insondable.

Aconsejo, pues, a mis competidores profesionales que mantengan la designación «ópera» para sus producciones musicales ligadas al teatro actual: ellas deben aparecer como lo que son y no darles una coloración falsa, situándolas más allá de cualquier rivalidad con el libretista; y si ellos son bendecidos con buenas ideas para un aria, dueto, o incluso un coro de bebedores, deben sentirse satisfechos y ofrecernos algo de valor contrastado, sin que su capacidad tenga la obligación de tomarse un trabajo extra, con el único efecto de perjudicar sus bellísimas invenciones. En todas las épocas ha habido también, aparte de autores de pantomimas, tañedores de cítara, flautistas y finalmente cantores; si alguien de estos colectivos es llamado por una vez para realizar algo que está más allá de su condición y rutina, se tratará seguramente de una individualidad solitaria, de la suma de las cuales a lo largo de las centurias y décadas pueden dar cuenta los dedos de una mano; pero, de forma consecuente, nunca ha podido hacer así su aparición un género en el que, después de recibir un nombre apropiado, lo extraordinario quede listo para el uso común de cualquiera que busque a tientas. Ni aplicando la mejor de las voluntades sé yo qué nombre dar a la criatura que desde mis obras dirige una sonrisa juguetona y tímida a buena parte del mundo en que vivimos. Herr W.H. Riehl, como él mismo ha dicho en algún sitio, pierde visión y oído con mis óperas, puesto que se ve obligado a escuchar tanto como a observar: ¿cómo darle nombre a algo inaudible e invisible? Yo casi me hubiera sentido dispuesto a insistir en la condición de su visibilidad, y ateniéndome a lo de «*Schauspiel*» (obra para ver o que se muestra), habría llamado con gusto a mis dramas «hechos musicales devenidos visibles» (*ersichtlich gewordene Thaten der Musik*). Pero lo que en principio hubiera sido exclusivamente una etiqueta de filosofía del arte, pronto habría encontrado un sitio en el catálogo de los Polonios de nuestras cortes amantes de las artes; se podría creer que entonces nuestros príncipes, tras sus éxitos militares, iban a desarrollar el deseo de orientar el «teatro» en el sentido alemán correspondiente. Sólo que en las obras que puedo ofrecer, que muchos declaran que rozan lo monstruoso, hay en realidad muy poca cosa que ver; de ahí que, por poner un ejemplo, yo ya haya sido reprendido por no haber introducido en el segundo acto de *Tristán* un brillante baile de corte, durante el cual la infortunada pareja de amantes bien podía ocultarse detrás de unos arbustos o de cualquier otro escondite, lugar en donde serían descubiertos, originándose luego un considerable escándalo con todas sus consecuencias lógicas. En cambio, en ese lugar de mi obra, el acto II, pasa poco más que el propio acontecer musical. Lo cual desafortunadamente parece ser demasiada música para que la gente con la misma organización fisiológica que Herr Riehl no pierda con ello su oído; mayores serán las desgracias, cuando yo próximamente no les de nada para ver.

Como al vulgo nunca se le podrán colar mis pobres obras como si fueran óperas, principalmente a causa de su falta de parecido con el *Don Juan*, me he tenido que consolar entregándolas a los teatros sin ninguna designación de género; creo que esta estratagema me será útil mientras me vea obligado a tratar con nuestros teatros, que de hecho no reconocen otro género que el operístico y que por mucho que se les ofrezcan «dramas musicales», siempre harán de ellos óperas. Para escapar mediante una decisión audaz de lo que es una situación caracterizada por la total confusión, me vino a las mientes, como se sabe, la idea de un *Bühnenfestpiel* (festival escénico), que tengo la esperanza de llegar a celebrar en Bayreuth con ayuda de mis amigos. El nombre me vino sugerido por el carácter de mis esfuerzos artísticos; me eran bien conocidos además los «festivales de canto», entre otras celebraciones de este tipo, y con semejantes modelos no me costó concebir un «festival teatral» en donde la escena y aquello que tiene lugar sobre ella, lo que justamente denominamos representación, podía constituir el asunto principal. Pero si alguno de los asistentes a ese festival escénico tiene la ocasión de conservar un buen recuerdo de lo visto, a lo mejor llega a ocurrírsele un nombre para algo que me propongo ofrecer a mis amigos como un hecho artístico innominado.

---

[1] Esto ocurrió en un tiempo en donde tampoco podía conseguir representaciones de mis obras que no incurrieran en las más grandes chapuzas.

www.ingramcontent.com/pod-product-compliance
Lightning Source LLC
Chambersburg PA
CBHW020152090426
42734CB00008B/797